戀愛 × 結婚 × 離婚 × 再婚，由激情至承諾
從衝突到共存，提升愛與被愛的能力

樂律

U0059248

完美伴侶學

掌握愛與被愛的藝術

韋志中，薄豔豔 著

目錄

目錄

前言

從古至今，各個文化中的婚姻愛情故事燦若星河。追求美好愛情是人類的本能，也滿足了人們各方面的需求。文化是心理發展的根基。從人們的心理層面和社會層面來看，根植於文化背景中的愛情、婚姻、家庭等關係，經過千百年的發展，蘊藏著無數的瑰寶，也迸發出無限的精彩，有著很深的智慧值得我們去探究和應用。

人類文明在高速進步，社會在飛速發展，我們的心理也在隨著社會的發展而不斷變化。與此同時，我們對於婚姻愛情的需求也在與時俱進。我們要密切關注在這飛速發展的時代裡，自身在心理上的變化以及是否有與之相當的適應能力。

我透過 20 年的婚姻愛情臨床諮商觀察，透過社會觀察，從愛情滿足人們需求的視角，嘗試著將愛情劃分為三種類型。

第一種是「經濟型」，也可以稱為「合作型」。為了生存，兩個人一起合作，一起獲得食物。為了繁衍，一起合作。為了發展，一起合作。為了事業，一起合作。只有合作，我們才能更好地生存、發展、做事業。經濟型的愛情，就是滿足生存、繁衍、發展等本能需求的一種愛情形式。

第二種是「幸福型」。幸福是一種主觀的感受。愛情裡的幸

福感包括正向的情緒、雙方投入地去愛、正向的兩性關係、自我價值的實現、感受到成就感。愛情中的依戀行為，是人與人之間獲得快樂、實現價值的重要途徑，能夠幫助人實現精神自我滿足的狀態。人的社會需求是需要被滿足的。在社會中，我們需要讓別人看到我們過得很好的樣子。我們要和別人比較。我們要回應文化的期待，不僅要回應外部的期待，還要回應內部的期待。我們要追求精神的自由。幸福型的愛情，就是兩個人相互督促，相互給予，相互使雙方感到幸福和滿足。現在有很多婚姻出問題，就是因為兩個人相互不能滿足幸福型愛情所具有的內容。比如，沒有愛的感覺，也不覺得被對方理解和尊重，甚至感受不到被愛。這時候就又回到經濟型了，兩性關係的品質就下降了。

如果把經濟型的愛情和幸福型的愛情做一個對比，經濟型更多的是圍繞生存、繁衍和發展；幸福型更多的是圍繞愛、親密和歸屬，展現人的精神追求，甚至包含了自我實現。一對愛侶在一起時，彼此都覺得自己的狀態很好，感到很幸福。

第三種是「成長型」。現如今，我們越來越關注精神追求，我們對愛情的期待逐漸發展為希望愛情可以讓我們變得更好。我們看到很多人對愛情更多的希望是：我和你在一起，會使我變得更好，也會使你變得更好，我們可以一起獲得成長。

成長型的愛情，跟前兩種就不一樣了。成長型的愛情，把

人生視為一次修行，愛情就是修行的手段和過程。我和你在一起，共同學習，相互督促，彼此陪伴。我們在愛情裡一起成長，我們彼此鼓勵對方不斷走出舒適區，不斷去挑戰人生的發展區域，一起在生命裡創造更多的美好，我們自己也變得更好。靈魂伴侶，並駕齊驅。

人類在發展，文明在前進，人們的婚姻愛情也在不斷進步。一開始，普遍是經濟型。後來，慢慢開始追求幸福型。我們開始更多地為了自己的感覺，更多地為了滿足社會心理的屬性，而去建立一份愛情。接下來，我們的社會中，進入成長型的愛情會越來越多。兩個人在一起，相互關照對方，相互督促對方，共同學習，因為對方而變得更好。人一生要做的事很多，雖然我們每天圍繞著柴米油鹽、生兒育女而忙碌，但其實人的生命狀態是不斷地超越自我，不斷地進步，不斷地覺察，不斷地成長。人生是一場修行，人生是一個不斷遇見更好的自己的過程。自我心理成長是人一生的主題，婚姻愛情也應為這個目標做出貢獻。

很多人不結婚，不是不想戀愛，不是不想找另一半，而是找不到。他們內心的目標和期待沒有辦法實現。比如，有的人希望找到一個讓自己感到幸福的人，找到一段讓自己感到幸福的愛情關係，再走進婚姻。有的人希望可以和一個人合作得很好，不要出現問題，不要被出賣，不要被背叛，不要太辛苦。

有的人希望找到一個伴侶，可以讓自己變得更好，可以實現精神自我高貴的樣貌，需要的是靈魂的伴侶。

我們對愛情的期待，已經不似以前了。每經過 3 ～ 5 年，就會有一次大的提升。從經濟型期待到幸福型，從幸福型期待到成長型。與此同時，雖然我們內心的期待提升了，但是並不見得我們就擁有經營這些愛情類型的能力。我們姑且把這些能力叫做愛情的心理資本。很多人在婚姻中不幸福，是因為不懂得愛，沒有愛和被愛的能力，沒辦法實現心理的依戀、社會的依戀，也就追求不到愛情。

還有一些人受過高等教育，內心追求精神世界的富足，於是就追求成長型的愛情，追求可以讓自己變得更好的人。但有一句諺語，叫做「心比天高，命比紙薄」。因為並不具備追求這種高品質愛情的能力，所以很多人沒有辦法去真正獲得一份美好的愛情。有的人獲得之後，又沒辦法經營下去。走進婚姻之後，又不能長期維持，不能與時俱進，不能共同成長，即使婚姻解體了，也不能重新開始。

原因就是我們對愛情的需求發生了改變，需求層次不斷地提高，但實際上我們進步的速度，跟不上內心的期待。就好像我們很想去賺更多的錢，但是又不具有賺這麼多錢的能力。很多人還沒有找到怎樣學習成長的方法。目前來講，社會就處在這個階段。我透過大量的心理諮商的臨床觀察，透過社會心

理研究觀察，看到社會中很多人都在追求幸福，都在追求人生的價值，處在從低階走向高級的階段。而人們普遍有著對愛情日益發展的需求與實際經營愛情的能力之間不充分、不相配的矛盾。

　　早年，人們對婚姻愛情的期待是有共同的志向。很多婚姻都是由長輩安排，兩個人要假扮夫妻，要一起工作，就戀愛了。那時的愛情就是經濟型、合作型。兩個人，你照顧我，我照顧你，共同實現對事業的追求，一起養育孩子，共同把孩子撫養大。

　　當社會經濟發展到一定階段，我們就開始追求幸福了。不光要實現目標，還要在實現目標的過程中感受到快樂，感受到愛的感覺，感受到依戀的滿足，感受到被尊重、被看見，感受到溫暖，要找一個「暖男」，要找一個溫柔善良的女孩子，這樣就滿足幸福型愛情的需求了。

　　如今，社會已經發展到了追求成長型愛情的階段了。人的一生中，推動我們前進的動力是什麼？有本能的動力，有社會價值的動力。本能的動力就是需要滿足基本的吃、穿需求，為了擺脫貧困，為了吃飯，為了有工作。這就是本能的動力。等吃飽穿暖後，我們就會開始追求自我價值，想要活得更像個人，幸福型愛情時代就來了。愛情的需求和社會的發展是同步的。人的一生，當本能和社會價值這兩種動力都滿足了，就會

前言

希望再向上更新。人有一種原始動力，就是不斷超越自我，希望自己變得更好。這就是修行，就是自我成長，就是人生的意義。

從這個角度來說，愛情在這時候要扮演什麼角色？我們現在吃得飽，穿得暖，有穩定的工作。在這種情況下，更多人會有自我成長的需求。在人們追求自我超越的過程中，愛情的功能就發生變化了。如果找一個人，可以一起成長，一起探討人生，一起學習，一起進步，相互督促，在彼此面前可以看見新的自己，不斷地更新，這樣才是真正的愛情。此時，愛情的功能就變成促進彼此成長了。

有的人說：「我也想追求成長型的愛情！」那麼你具不具有追求成長型愛情的能力呢？你有沒有這樣的心理資本呢？你是不是一個學習型的人呢？如果你不是一個學習型的人，你還想追求一份成長型的愛情，怎麼可能呢？一個很愛學習的人，每天都在追求自我超越；一個不自律的人，好吃懶做，平時也不愛學習，一年看不了幾本書，這樣的兩個人怎麼可能一起過日子呢？所以，我們不要一邊不接受現實，一邊又對現實無能為力，不去改變。我們不要心裡想著要追求成長型的愛情，實際行動上又不學習、不成長。這就很糟糕了。

新時代的愛情，在需求方面、形式方面已經發生了改變。我們也要與時俱進！我們不要出現能力不足、不相配的情況。

在本書中，我們精選了關於婚姻愛情的 20 個非常重要的主題，包括找一個什麼樣的人結婚、婆媳關係、家庭文化的衝突與融合、角色對應、愛情儀式、離婚、再婚、破解家庭暴力、婚姻危機介入、兩性溝通、性、親子關係、女性的自我成長、家庭未來建設等。我們在這 20 個主題中，運用並借鑑了中西文化中的婚姻愛情智慧與心理學成果，結合我們的實踐研究成果，帶給大家關於愛情婚姻非常有必要了解的智慧；並針對每個主題提供了與之相應的心理成長技巧，大家會在這些心理技巧的經驗中獲得成長。無論你追求的是哪種類型的愛情，在這 20 個篇章的內容中，你都能夠獲得自己需要的智慧和成長。接下來，如果你有興趣，你還可以沿著這些愛情心理學知識進一步去探究。如果你覺得學到這些後已經很清楚了，就可以在生活中去運用這些智慧，透過行動來獲得更多的成長，享受成長帶來的快樂和意義。

婚姻家庭，是傳承文化的地方，也是發展文化的地方。文化決定我們的人格，人格是我們一生的動力泉源。因此，婚姻家庭在我們的人生中造成的是根本性的作用。無論是夫妻關係朝向積極發展，還是孩子獲得健康成長；無論是家庭成員的快樂幸福，還是每個人的自我價值實現，都需要人格的健全發展作為基礎。而人格的發展背後，需要健康的婚姻家庭，需要我們經營婚姻愛情的能力。

前言

‧‧‧

　　祝願天下人都能夠找到適合自己的愛情，都能夠在愛情中
獲得成長，擁有美滿的婚姻家庭，讓人生充滿幸福和意義。

韋志中

第一章
找個什麼樣的人結婚

找一個什麼樣的人結婚？這是一個很重要的問題。

古代有月老「千里姻緣一線牽」的美麗神話，夫妻出生時即用一根紅繩繫在彼此的腳上，這樣他們便一定會遇見並且結為夫妻。婚後相敬、珍惜、同心、忠貞，必能和美一生，即便度過種種劫難依然可以相守到老、幸福到老，這賦予了婚姻最為美好的祝福。不僅如此，結成一椿姻緣，還有引線紅娘、壽星、千禧星君、配偶仙官、合和二仙、撥緣童子等神仙登臨，為夫妻結緣舉行莊重的儀式。這雖然是神話，但是夫妻相互尊敬、珍惜、同心、忠誠等正向心理學思想，依然值得當代人借鑑、思考。這也說明，古人對經營好婚姻所需要的正向心理因素，已經進行了較為細緻的思考。

心理健康，是夫妻美滿的直接動力 ⋯⋯⋯⋯⋯

找一個什麼樣的人結婚會幸福？如果問經濟學家，他可能會說，找個會賺錢的人。如果問法學家，他可能會說，找一個遵紀守法的人。如果問社會學家，他可能會說，找一個品德高

尚的人。如果問心理學家，他會說，找一個心理健康的人結婚。

　　為什麼這樣說？因為很多問題都源於兩個人在人格上的不完美。有的人在婚姻中沒有愛的能力，這是不健康的；有的人在生活和工作中遇到困難就躲避，或是乾脆擺爛，這是不健康的；有的人情緒容易激動，這是不健康的；有的人在相處中不能尊重對方，做出一些傷害對方的行為，表面上看是一種道德問題，實際上還是因為內心可能會有某些恐懼……這一切的背後都是源於心理不夠健康。所以，我們要保障自己的幸福，就要考慮對方是不是一個心理健康的人。

　　心理健康的人具體來說有什麼標準呢？第三屆國際心理衛生大會認定心理健康的標準主要有四個：其一是身體、情緒、認知十分協調；其二是能夠適應環境，人際關係和諧，能夠彼此謙讓；其三是擁有幸福感；其四是在工作中能充分發揮自己的能力，過著有效率的生活。找一個心理健康的人結婚，對我們的婚姻生活品質大有裨益。

　　第一，心理健康的人是內外和諧一致的人。當一個人的身心一致，並且身心感受和外在的境遇一致，就能夠對自我和現實產生正確的認知，並且能夠真誠對待自己和他人，這在夫妻相處中是很重要的。這會讓伴侶產生更多的安全感，婚姻生活中產生誤會、矛盾和紛爭的機率也隨之降低。

　　第二，心理健康的人能夠適應環境，注重建立和諧的夫妻

關係。他們不僅珍惜伴侶，也珍惜伴侶生命裡其他重要的親人和朋友。他們不僅疼愛自己的孩子，也疼愛伴侶生命裡其他重要親友的孩子。當雙方家庭文化導致生活方式、生活觀念等不一致時，他們能夠快速去調整，而不是控制對方必須和自己的家庭文化保持一致，能夠和伴侶保持相互尊重、理解、支持、關懷的積極關係。當家庭遇到風雨波折時，心理健康的夫妻也更有毅力去應對困難和挑戰，彼此互助，甚至把克服困難視為強者的象徵，建立起充滿勇氣、堅韌的家庭文化。

第三，心理健康的人重視人生意義的探索，重視人格的自我完善。人生意義既包括美德的日益完善，也包括自我的實現，並且把個人的成就融入社會的發展，解決社會和人類的問題。追求實現人生的意義，是一種高級的生活方式，能夠有力提升心理生活的品質，讓夫妻雙方的心靈沐浴在高尚、成就和意義的幸福感中。馬斯洛（Abraham Maslow）發現，心理健康的人能夠呈現出方式多樣、水準較高的創造性，具有一種自我實現的創造力。人們在生活中經歷的事情和自身的價值觀，會影響感情的發生和程度。當一對夫妻在生活中做著具有高尚美德或者具有自我實現意義的有創造性的事情時，會引發彼此產生強烈的情感，讓夫妻感情更幸福、深刻、長久。

值得注意的是，人格獨立是婚姻積極關係建立的一個非常關鍵的因素。當一個男人和一個女人開始談戀愛，彼此就把很多的

自我放到了對方身上，甚至失去了自我。人格不獨立的人，內心常常沒有安全感，與伴侶相處中遇到一些小問題就會感到不滿或者與對方吵架。而人格獨立的人，則有能力較為自如地調控自我放在對方身上的比例，能夠允許對方和自己不一樣，也能夠允許自己和對方不一樣，具有較多的安全感，也就不會去控制對方，而是讓對方感受到被尊重、理解、接納和支持。研究發現，內心安全感較多的人對自己的愛情更滿意，和伴侶相處的過程中能感受到很多的快樂，願意信任伴侶，也願意投入更濃烈和持久的愛，在日常聊天中也會讓伴侶感受到溫暖和親密的幸福感。

另外，當一位沒有安全感的人遇到一位安全感特別足的人，兩個人戀愛或者結婚的話，安全感足的一方給予對方非常多的愛、溫暖和包容，沒有安全感的這一方也是有可能重獲安全感的。有一項這方面的研究發現，30%的年輕女性在兩年時間裡改變了她們的依戀類型，成了有安全感的人。比如說黃蓉，黃蓉的母親早年離世，而父親黃藥師的脾氣又甚是古怪，對於女兒的愛往往表現得很極端，這些就使得黃蓉在情感方面有著強烈的依靠需求，而郭靖寬厚、憨直的性格恰逢其時地滿足了黃蓉的情感需求。反過來對於男孩子也是一樣的，如果本來原生家庭不怎麼好，或者人格上不是很健全，結果卻找到了一個就像觀音菩薩一樣慈悲為懷的人。大慈大悲，「慈」就是帶來快樂，「悲」就是化解不快樂。如果找一個這樣的女人去愛自己，那麼人生就完全不一樣了。

一位女子的悲劇 ·······························

隨著經濟的發展，人們的生活水準普遍有了很大的提高。但高品質的生活並不能只有物質享受，充實的精神生活、健康的心理狀態以至達到人格的健全，才是更適應人類發展的生活追求。在婚姻關係中，人們的心理生活品質也是非常值得重視的。

有一位王女士，她和丈夫在認識五年之後，漸漸發展成了戀愛關係。戀愛期間，王女士感覺丈夫還算細心，也會關心人。戀愛一年後，王女士考慮到自己的年齡也不小了，就結婚了。結婚時，丈夫的薪資是一個月 20,000 元，在當時這樣的收入水準算是很低的，婆家也沒什麼錢，兩人完全是裸婚。王女士相信愛情的力量，認為只要有愛情，錢是不重要的。

結婚後，兩人由於沒有房子，就和丈夫的父母住在一起。一年多以後，王女士生了一個女兒。隨著女兒的出生，兩人的經濟壓力越來越大。王女士除了照顧女兒，還要出去工作賺錢。孩子的吃穿全是她負責，丈夫只是偶爾買點奶粉，其他就什麼都不管了。王女士希望丈夫換一份工作，因為他的薪資根本不夠生活。而她的丈夫認為，雖然薪資不高，但這份工作有前途。王女士覺得丈夫說的只是藉口，一個月 20,000 元的工作能有什麼前途？根本就是他怕辛苦，不想換罷了。

丈夫的家裡人對王女士也不是很滿意，連她坐月子，他們也不替她補充營養。還是王女士的媽媽拿了些東西來替她補身體。婆婆整天在兒子面前說她的壞話。只要是婆婆說的，無論是對是錯，丈夫都聽，然後就來罵王女士。婆婆一天到晚在家裡基本不做家務，就盯著兒媳挑毛病。無論王女士做什麼，婆婆都能挑出毛病來。弄件衣服洗個碗，她都拿出來說。當著家人的面，婆婆還罵一些很難聽的話。王女士有一次沒忍住，就和婆婆對罵起來，丈夫當時就動手打了她。

王女士也不是沒想過離婚，但是她認為離婚更沒辦法生活下去。房子是丈夫父母的，離婚也沒她的份。王女士薪資不高，出去租房子很困難。如果和丈夫、孩子搬出去住，建立三人小家庭，遠離婆婆，也許會好一點，但是他們的薪資根本不能夠出來租房子。

王女士現在感覺很崩潰，有時候總忍不住想：「我當初怎麼就瞎了眼找了這麼一個人！他沒錢不養家我也認了，可他聯合他父母一起來欺負我，我連基本的尊重和愛都得不到！這日子還怎麼過？」可是王女士回不了頭，也離不了婚。雖然她知道這樣下去只會越來越痛苦，但是她拯救不了自己。

心理不健康，婚戀中充滿危機 ··················

之前在網路上有關於「六種男人不能嫁」的言論：一、對你呼來喚去的男人不能嫁；二、心地不善的男人不能嫁；三、不自信的男人，一開始說配不上妳的男人不能嫁；四、家庭關係惡劣的男人不能嫁；五、對自己小氣，對女人哭喊的男人不能嫁；六、花心的男人不能嫁。其實從心理學的視角看，這六條言論可以彙整為一條，那就是心理不健康的男人不能嫁。

王女士的丈夫，對妻子沒有愛的能力，不能夠去面對生活中的困難，情緒也容易激動，不能夠尊重妻子，這些都是心理不健康的表現。與其今天這樣去否定，不如當初我們擦亮眼睛。在還未婚時，我們就要問一問自己，該找什麼樣的人結婚？我們在選擇的時候，就要去選擇一個不會在未來留下隱患和不幸福的因素少的人。

心理健康，是夫妻美滿、家庭和睦的直接心理動力泉源。心理不健康，婚戀則充滿危機，有時候還會引來殺身之禍。曾經有兩個讀化學系的學生戀愛了，後來一起留學去了美國，並在美國結了婚。過了幾年之後，男人就死了。警方檢查之後發現是汞中毒。原來他的妻子每天都在他的食物裡面下一點汞。其實在現實生活中，有很多這種情殺的案件。

這些婚姻不良事件，其實源於婚姻中的一方或者雙方心理

人格不完整。在現實生活中，我們接待的來訪者裡大約有 20%
是邊緣性人格障礙。邊緣性人格障礙的個體，容易被激怒，情
緒不穩定，對自己的安全不確定，人際關係緊張，自卑，有時
候會採取攻擊行為。很多時候，我們因為沒有經過臨床心理學
的診斷，覺得這個人看起來好像都很正常。實際上，家庭暴力
事件裡有相當多邊緣性人格障礙的案例。大家想一想，如果你
在選擇配偶時，選擇了一位有邊緣性人格障礙的人，婚姻幸福
還能有保障嗎？如果選擇一個創傷已經很嚴重的人，一個安全
感很低的人，婚姻幸福還有保障嗎？

心理不健康的人，會產生扭曲感受 ⋯⋯⋯⋯⋯

　　我們在婚姻輔導中，會看到有些人習慣去責備對方。其
實，當一個人來訴說的時候，他說的基本有一半都與事實有出
入，這是因為兩個人的感受不一致。我們會看到來訪的夫妻，
他們對於同一件事的感受都不會一致。比如，他們經常會爭議
的一個問題是：妻子說丈夫打她了，丈夫說沒打。如果深入調
查，你會發現他們兩個人說的都對。因為他們的理解不一致。
兩人離得太近，一個人認為對方要攻擊自己，所以就推了對方
一把。推的人就認為只是推而不是打，而被推的人卻認為自己
被打了。雖然他們記得的是同一件事情，但分別是兩種理解和
感受，這就是主觀感受。我們不要小看這樣的感受，越是心理

不健康的人，越容易把這個事件帶來的感受誇大。有一些心理不健康的人非常敏感，你無意中看他一眼，他就覺得你對他很不滿意，他馬上就會有強烈的情緒反應。心理不健康的人，會把很小的事情鬧大，有時沒事也會鬧一番。而心理健康的人，則具有大事化小、小事化無的能力。

選擇伴侶要有是非之心

我們在選擇伴侶的時候，除了看他的心理是否健康，還要注意辨識這個人的人際關係。如果不管他對別人怎麼樣，他只要對你好，你就認為他是最好的，這就叫沒有婚姻愛情的「是非之心」。「是非之心」是孟子的四端學說之一：「無是非之心，非人也。」愛情的「是非之心」是要公正客觀地看待這個人。比如，他對自己的父母非打即罵，但他對你很好，你敢跟這個人結婚嗎？等你成為他的親人之後，他對你是否也會非打即罵？所以一定得客觀地去看待對方，要能夠分辨是非。

心理健康的人，面對問題有應變能力

王女士認為自己當初瞎了眼，其實並不是。只是那時他們不是夫妻關係，她並沒有把男友的一些心理上的不完整、人格上的不健全，當成重要的部分去思考。結婚之後，關注的重點

就不一樣了。一個心理健康的人，是有適應能力的。當一個人發現婚姻生活跟預想的不一樣，就會馬上適應環境從而做出調整。動態地適應環境，這本身就是心理健康的展現。王女士在結婚之前對自己的婚姻是有憧憬的，結婚之後她肯定會發現這跟預想的不一樣。婚前教育得再好，到婚後還是得人們自己去體會，體會完之後做出調整去具體地適應，這叫隨遇而安。她不能隨遇而安，本身就是心理不夠健康的展現，就表示她在一些事情上太過於固執，太過於堅持自己的想法而不能向別人妥協。與一個人結婚後，只有相處了，才可能融入一個家庭，只有融入了才有機會得到幸福。就是說，只有隨遇而安才能得到幸福。

　　所以，心理健康不是在結婚之前把所有的問題排除完了，這一輩子就沒有問題了。心理健康是能夠動態地適應環境，遇到問題之後還能夠客觀地去解決問題。遇到問題之後，心理健康的人解決方式跟不健康的人的解決方式是不一樣的。比如說，我們在一起確實不合適，分手了。心理健康的人就會說：「謝謝你，親愛的，祝你以後能找到自己的幸福。」而且，兩個人還可以約好到當初相遇的地方去做個告別儀式，離婚的時候也可以彼此祝福對方。心理不健康的人就不一樣了，有的人會想辦法讓對方沒有好日子過，有的人甚至會以死來威脅對方。

自我成長，開啟婚姻幸福動力 ·················

　　結婚，找一個心理健康的人很重要。那麼，如果你已經結婚了，就可以試著提高自己的心理健康水準。所有在婚姻中抱怨另一方的人都是源於：第一，人格上有一部分沒有成長完整；第二，沒有為自己去做出選擇，會有心理衝突。等人格上需要成長的部分成長好了，要不就是另一半離開，要不就是另一半也開始成長，因為對方會在無形中感受到壓力。線上課程中有一些女同學，她們一旦學習成長到了一定程度，自信提升了，家裡的伴侶就很擔心，以前對她們不聞不問，現在突然不一樣了，每天噓寒問暖。妻子打扮得很漂亮出門，丈夫就很焦慮。

　　社會心理學對兩性關係的研究顯示，另一半對你的語言、行為、態度，決定了你的財富與幸福。大學畢業的時候，同學們臉上都帶著對未來的憧憬，充滿了青春洋溢的色彩。但是過了十年，當同學聚會的時候，原來意氣風發的人怎麼樣了？可能臉上只剩下黑白了。你問他：「你當初的願望和理想還有嗎？還在追求嗎？」他會說，現在沒有一點鬥志，過一天是一天吧。讓他沒有鬥志的原因，有可能就是因為身邊的另一半。

　　其實，婚姻經營中，如果你對自己的婚姻不滿意，卻僅僅一心指望著對方做出改變，是很難有成效的。要想讓別人改變，首先自己得改變。你的改變，對別人就會是一種督促，讓

他不得不改變。他不改變，就會害怕。當然，你也不能一下子改變太多。比如，你改變得太好了，他一下子崩潰了，他自卑，他逃避，最後就自暴自棄了。你改變一點點，刺激他一下；再改變一點點，再刺激他一下。當然，這個目的很簡單，不是為了讓對方改變，而是要讓自己好起來，自己要快樂。

心理成長小技巧

寫給自己的父母親一封感恩拜訪信，找一個適當的時候，拿出來讀給他們聽。

參考文獻

1. 郭念峰、虞積生《國家職業資格培訓教程：心理諮商師（基礎知識）》。

2. 張掌然《心靈之窗：心理學啟示錄》。

3. 楊鑫輝《楊鑫輝心理學文集第二卷》。

4. [美] Jerry M. Burger《人格心理學》(*Introduction to Personality*)（第八版）

第二章
愛情的三個核心元素

當我們問一些夫妻過得怎麼樣時，有的人說：「我們已經是親人了。」有的人說：「就這麼將就著過下去，我們相互有責任，只要他不把我們的錢拿到外面去就行了。」有的人說：「還不錯。」有的人說：「已經沒有話說了，他跟我提出離婚了。」為什麼會有這麼多不同？當我們想要理解自己的婚姻和愛情現狀時，當我們想要提升自己的婚姻愛情品質時，就必須要了解一下愛情的三個核心元素。

愛情三元素理論

美國耶魯大學的心理學教授 R.J・史坦伯格（R.J. Sternberg）提出了愛情的三個核心元素理論，認為人類愛情包括「親密」、「熱情」和「承諾」三種元素。它們組成了愛情三角形的三個頂點。

「親密」是指兩個人在一起時溫暖的感受，能夠促進雙方產生親近、歸屬、聯結等情感。「親密」具體表現為：和伴侶彼此關心對方的身心感受，在一起時體會到安全感，體會到發自

內心的快樂，可以和伴侶進行親密的溝通交流，並且多使用溫暖、積極、富有建設性的語言；高度關注伴侶，重視伴侶在自己生活中的價值，能夠尊重、理解、接納伴侶；願意和伴侶分享自己的內心世界，分享自己的所有；能夠第一時間在情感和物質上支持伴侶，也能夠接受伴侶在情感、物質方面的支持。

「熱情」是指在愛情中感受到浪漫，感受到彼此之間強烈的性吸引，擁有美妙的性體驗。「熱情」具體表現為：兩個人在一起時做什麼都覺得很浪漫、很興奮；互相為對方取一個到多個親暱的稱謂；一點點挑逗的動作、表情和言語，就可以激起性愛的衝動和行為，相互欣賞對方的身體和心靈，感受到強烈的愛的體驗；兩個人感受到因為對方，自己的生命變得充滿了色彩。

「承諾」是指兩個人體會到對彼此的愛情，並且做出相愛的決定；或者願意長久地維持對彼此關係的投入、忠誠、責任心和義務，而不論是否真的相愛。「承諾」具體表現為：只和對方在一起，忠誠地守護兩個人的關係和家庭；照顧彼此的健康，並且盡可能為彼此的美好生活做出努力；照顧孩子和彼此的長輩。

愛情的三個核心元素，也是人們在愛情和婚姻中的三大核心需求，是愛情和婚姻發展的動力。我們看待這三個核心元素，要運用歷史觀、文化觀和發展觀。

　　歷史觀是指，愛情和婚姻進行過程中，過去影響著現在，現在影響著未來。我們在婚姻中當下的情況，可以從過去的相處中尋找原因。我們當下所做的努力或不努力，也會對未來產生影響。文化觀是指，我們在愛情和婚姻中的親密、熱情和承諾的方式，都具有當代文化特有的形式。例如，東方人舉辦婚禮，即便融合了世界文化，新娘穿起了白色婚紗，新郎穿起了西裝，但在新家裡也一定會貼上華人婚姻文化中特有的大紅喜字。這個紅紅的喜字，就是新婚時親密、熱情和承諾的濃烈的文化表達，會讓新郎新娘產生濃烈的喜悅和對新婚生活的憧憬。不同的地區還會存在特殊的地域文化特徵。在不同的家庭中，不同的家庭文化，也會影響一個人對於親密、熱情和承諾的表達方式。例如有的人不太會講話，但會在婚姻中為伴侶做很多溫暖的事情；有的人強勢一些，霸道一些，卻是為了保護對方，避免對方在外面遇到危險。這是值得我們用心去理解和體會的。

　　發展觀是指愛情的三個核心元素會隨著愛情和婚姻階段的不同有所變化。我們在愛情和婚姻中要與時俱進，不能要求一成不變。在一段關係中，親密、熱情和承諾三個核心元素所占的比重不同，愛情三角形的形狀不同，展現出的愛情生活風貌也完全不同。對此，我們要學會解讀並且有對策。這也是我們經營愛情和婚姻時很必要的智慧。

一位女士對婚姻的迷茫 ·····················

　　趙女士的母親在她 7 歲時得重病去世。3 年後，父親娶了繼母也搬了出去。大她 9 歲的大姊一直像母親那樣疼愛她。大學畢業以後，姊姊幫她找了工作，又幫她張羅著找男朋友，每到週末就會催趙女士回去相親。不過趙女士覺得自己才二十出頭，就沒把相親這件事放在心上。

　　有一天中午，姊姊又帶人約趙女士到公司附近見面。三人正在飯店吃飯時，趙女士忽然抬頭看見上司正帶著客戶走來，她只好尷尬地起身向上司介紹姐姐。姊姊請上司多關照一下自己的妹妹。看到上司離開時那種似笑非笑的表情，趙女士恨不得馬上找個地洞鑽進去。

　　趙女士的部門應酬一直很多。以前她跟著上司出去倒沒覺得什麼，自從那次相親被他巧遇以後，心裡總覺得有點怪怪的，經常會感覺上司的目光一直在注視著自己。祕書也開玩笑地對趙女士說：「老闆很關心妳噢！」有一年年底，上司帶趙女士去外地參加一個大型的年會。由於總有人勸酒，趙女士推脫不掉，就連喝了五六杯紅酒。上司也幫她擋了不少酒，兩人都喝得暈頭轉向的。年會結束後，趙女士就緊靠著上司跟跟蹌蹌地走回客房。她覺得這個男人身上有一絲亦兄亦父的影子，產生了一種想要依靠的感覺。那天晚上，兩人就發生了關係。

　　之後，趙女士就再也不肯去相親了。她把上司帶到家裡，大姊對他似乎很滿意，二姊覺得他城府有點深。那時，趙女士已過 24 歲，不想總靠著姊姊照顧，覺得上司對自己還算用心，各方面條件也不錯，就想早點嫁了。

　　結婚後，趙女士就過上了衣食不愁、有房有車的生活。本想和丈夫好好享受一下浪漫的生活，但是，她發現很多時候，兩人都擺脫不了那種上下級的關係，一天說不上幾句話。趙女士學著煲湯做菜、整理房間、穿性感的衣服，也沒見丈夫有什麼表情。有時她撒著嬌嚷著要和他出去散步，他說一句「我累了」就直接進了書房。趙女士不明白丈夫為什麼要和她結婚，當初就算是衝動，也可以不娶她。可是既然結婚了，為什麼對她這麼冷淡？她甚至懷疑自己對丈夫產生心動的感覺，只是酒後的一種幻覺。

　　趙女士一直很羨慕大姊夫妻二人的生活。大姊跟大姊夫就像親人一樣。趙女士經常去他們家吃飯，看他們一家三口有說有笑。二姊家就沒那麼幸福了。大姊告訴她，二姊背著二姐夫去炒股，把他們夫妻這兩年做生意辛辛苦苦賺來的錢都賠進去了，還欠了不少債。二姊現在可能覺得內疚，對二姊夫也不像以前管得那麼嚴了，看到二姊夫偷情也只能忍著。後來，二姊也出軌了。

　　結婚半年多，趙女士終於懷孕了。有了孩子之後，趙女士

感到丈夫似乎也溫情了許多。趙女士幾乎將滿腔熱情都傾注到了孩子身上，由於白天都在帶孩子，到了晚上，對於丈夫的性暗示，早已累得一點興趣也沒有了。隨著孩子漸漸長大，上了寄宿學校，趙女士感到家裡只剩下安靜和冷漠，越來越覺得這樣的生活乏味和平淡，她就試著將重心從孩子身上轉移到工作上。

不久，趙女士因為工作關係認識了和丈夫年紀差不多的楊先生。接觸了幾次之後，趙女士發現楊先生總能很專心地聽她說話，耐心跟她交流，她對他漸漸多了一份親切感。有時候，兩人會私下單獨見面。有好幾次，楊先生握著趙女士的手說喜歡她，問她願不願意和他一起去國外度假。趙女士沒有明確地拒絕。

後來，丈夫發現了兩人在祕密交往。趙女士想著，該來的總會來，反正這樣的日子她也過膩了，就把自己的衣物搬到了客房。丈夫站在一邊，看著趙女士的一舉一動，沒有任何反應。趙女士大聲吼著要和他離婚。他甩出一句：「閉嘴，妳好自為之，離婚想也別想！」然後「砰」的一聲關上了房門！趙女士正想不顧一切地用腳踹門，突然看到不知什麼時候站在她背後的兒子，趙女士一下子淚流滿面。她感到自己已經厭倦了這種表面光鮮、有名無實的生活，不知道自己還能熬多久。

三元素搭配不同，關係大不同 ·················

　　趙女士真的不知道到底該怎麼做。這個話題，我們可以圍繞愛情的三個元素來探討。史坦伯格提出的愛情三元素分別是：熱情、親密和承諾。這三個元素搭配不同，所產生的關係類型也會有很大差異。我們來看看史坦伯格格對於三種元素之間相互搭配而產生的幾種類型的關係。

　　第一種是喜歡式。是以親密為主導的。兩個人在一起感覺很舒服，但是沒有熱情和承諾，就像友誼一樣，比如我們說的紅粉知己、青衫之交。顯然，友誼並不是愛情，喜歡並不等於愛情。不過友誼是可以發展為愛情的。

　　第二種是迷戀式。以熱情為主導，這是強烈地渴望和對方在一起的一種狀態。對於滿懷熱情的一方而言，如果對方對自己的熱情做出了回應，那麼他就會感到滿足而快樂。如果對方對自己的熱情沒有做出回應，他就會覺得空虛而絕望。一見鍾情就屬於迷戀式的範疇。《麥迪遜之橋》（*The Bridges of Madison County*）裡的那位攝影師和女主角，他們就是從熱情開始的。我在想，如果他們真的一起走了，這種迷戀式的熱情會持續多久？可能之後就不會有那樣美麗的故事了。

　　第三種是空洞式。只有承諾，缺乏親密和熱情。現實中有純粹為結婚而談戀愛的情況，相互保證只和對方在一起，結

婚後賺的錢全部拿回家，但是沒有親密也沒有熱情。這就是空洞式的關係。徐志摩和張幼儀的婚姻是父母主導的，張幼儀對自己是否愛徐志摩也感到很迷惑，而徐志摩在婚後都沒有正眼看過張幼儀，但張幼儀依然履行自己對於家庭的責任。他們之間，就是空洞式的關係。

第四種是浪漫式。有親密和熱情，沒有承諾。這種關係崇尚的是愛的過程，不在乎結果。

第五種是伴侶式。有親密和承諾，缺乏熱情。在這樣的關係中，熱情可能已經過去，也可能尚未到來。這種關係多見於由朋友發展成情侶的情況，或者是結婚時間很長的情況，雙方就像親人一樣。

第六種是愚蠢式。只有熱情和承諾，沒有親密。沒有親密的熱情，頂多是生理上的衝動，而沒有親密的承諾不過是空頭支票。生理的衝動再加一張空頭支票，這顯然是愚蠢式的。很多閃婚閃離就屬於這種情況。

第七種是完美式。愛情三要素齊備，包含了熱情、承諾和親密，造就了最美好的愛情。

在前面這個故事中，大姊的婚姻是伴侶式的，像親情一樣，主要是親密和承諾。二姊的婚姻是空洞式的，只有承諾，各自出軌。趙女士認為自己的婚姻「有名無實」。這裡的「有名無實」除了沒有性生活外，還包括沒有心理上的親密。她這種

「沒有親密」的感覺，實際上是她個人的感受。事實和感受有時候不是一回事。我們在做夫妻諮商的時候，丈夫被妻子帶來了，問丈夫：

「你感覺你們的婚姻怎麼樣？」丈夫說：「我覺得挺好。」不要覺得他虛偽，他可能就是這樣認為的。一方面，他的父母可能就是這麼過來的；另一方面，可能以他的性格和氣質，覺得這樣就行了，但故事中的趙女士就覺得簡直過不下去了。這就是他們的感受的問題，而不是事實。如果是體驗方面的問題，在做心理諮商的時候，我們就可以去幫助來訪者改變過去的體驗，重新建立新的體驗模式。如果趙女士的丈夫從來不跟她說一句話，跟她冷戰，那就確實是有名無實。但她的婚姻不是這樣的，因為他們之間還會說話，所以是不一樣的情況。趙女士是手拿幸福找幸福的人，這可以稱為「兩個人的感受不一致」，就是兩個人的適合度的問題。

相處階段不同，三元素比重會變化

隨著年齡和兩個人相處階段的不同，三個核心元素所占的比重會有一些動態的調整變化。針對這方面，我們可以做一個心理測試，繪製一幅自己的婚姻愛情三元素發展圖。親密、熱情、承諾各以 30 分為滿分。剛談戀愛時，三元素的分數是怎

樣的；到哪年哪月，三元素的分數是怎樣的；再到了哪年哪月，三元素的分數又有了怎樣的變化……繪製完成後，看著這張圖，再寫一寫：我怎樣做，可以提高三元素的分數。如果是夫妻共同參加，評估以後還可以制定一個改善方案或者下一步計畫。

有人會說，當初只有兩個人，還沒有孩子的時候，雖然物質條件不一定有那麼好，但是兩個人的熱情程度會比較高，彼此之間的吸引或者浪漫情緒都會比較高漲。隨著家庭成員的不斷增加，社會責任的增加，自己做了爸爸媽媽，到了上有老下有小的時候，熱情會處於一個平穩的狀態。也有人會說，孩子出生以後，在性生活方面會有一些冷淡，或者僅僅把它當成一種任務。實際上，這是一個過渡期。

在夫妻關係中，是存在一些過渡期的。一開始，他們眼中只有彼此，後來多了一個孩子，母親把重要他人從丈夫換成了孩子。可是隨著孩子的成長，到了六七歲，孩子有了自己的交友圈之後，把同學和其他人也放進了自己的重要他人圈子裡，此時媽媽所占的比例就小了。所以，從孩子三歲之後，媽媽就要有一個回歸期，把丈夫重新放回到重要他人的第一位上。但是，由於之前從懷孕開始到孩子三歲，這中間經歷了一個冷淡期。那麼，在這個階段能不能換回來，夫妻就經歷著一輪考驗。也就是說，婚外情的機率總是存在的，只是高低不同。夫

妻的熱情如果沒回去，平穩下降，婚姻就只能依靠責任和親密來維持。

實際上，在孩子從三歲到六、七歲的三、四年中，妻子會做出努力來改善夫妻關係，但往往丈夫被拒絕的次數還是太多。這些拒絕不是妻子說了很多拒絕的話，而是用行為和態度拒絕的。丈夫跟妻子剛一親熱，孩子哭了，妻子就沒心情了，然後就不了了之，這就是一次拒絕。那麼，在這個過程中，熱情的程度可能就這麼下降了。也有一些夫妻，在孩子長大了一些，夜裡不哭了之後，兩個人的熱情會慢慢地開始回歸，相當於又可以談戀愛了，兩個人又可以說話了。但是，很多母親因為自我人格成長得不健全，或者把自我放在孩子身上太多，放在自己身上太少，她們就會繼續排斥丈夫。妻子沒有把這當回事，丈夫也不主動回歸，因為他們已經習慣了自己在外邊飄蕩的那種狀態了。

總之，在婚姻的不同階段，愛情三元素的主題會不同。我們如果辯證式地來看婚姻的發展，在最開始的時候，大多數的兩性關係都是因為熱情。熱情是一種強烈的、短暫的、爆發式的情緒狀態。很多人覺得熱情已褪去，就是那種情緒狀態退去了。而承諾從一開始兩個人確定愛的關係時就已經確立了。在兩性關係中，如果我們想要熱情像承諾一樣長期穩定地存在於自己的婚姻中，顯然就是對婚姻的了解不足，對兩性關係了

解不足，要求得比較多，也是一種貪心。對於婚姻中的熱情程度，我們是可以透過做一些努力來提高的，但是我們不能要求兩個人之間時刻都那麼熱情高漲。

三元素發展中的影響因素

沿著這方面，我們可以繼續去思考在三個元素發展歷程中的影響因素。有哪些因素使我們沒有回歸？有些是外部的影響因素，有些是內部的影響因素，有些是客觀的影響因素。

比如，丈夫換工作了，雙方兩地分居，恰好夫妻關係該回歸了，但是家裡的妻子等不到丈夫。又比如，雙方中有一方生病了，時間久了也會造成熱情下降。還有的是因為住的原因，比如房子小，跟父母住在一起，不能大聲說話，有矛盾也不能發洩情緒，就很壓抑，時間長了熱情的程度就降低了。這裡不只是性的問題，還包含了兩個人的親密依戀表達的問題。所以，各種原因影響著三元素的水準。

讀者們可以自己做一個評估，但要記得，不能把問題歸結到對方身上。大家要想一想，自己怎樣可以去改善，排除客觀的外在原因。我們要接受自然規律，同時也要影響自然規律。我們接受親密、承諾和熱情這三元素有其發展曲線，但也要發揮主觀可動性，去影響這些曲線。比如，身為丈夫，有時候對

妻子的好，是在一些小事情上對她的體貼細緻的關心，她能感受到你在用心，她能感受到自己是被你尊重的、被你關愛的，這時候兩個人的感情的甜蜜度就會上升。丈夫在大事上尊重妻子自己做主的權利，在小事上再多多為妻子用心，這樣對熱情、親密和承諾這三元素水準提升都是有幫助的。在有些家庭中，很多事情都由男人說了算，男方比較大男人主義，但是這樣會讓妻子漸漸厭惡自己的女性身分，轉而羨慕男性，從而引起性冷淡，不能夠去享受身為女性的快樂。因此，尊重妻子的感受和自己做主的權利，是很重要的。如果男性對自己的性別不滿，也容易產生一些問題。因此，身為妻子，也要讓丈夫感受到對他男性魅力的欣賞。人不能只向「錢」看，即便妻子的收入超過丈夫，丈夫在生活中一定也是有其表現出男性魅力的地方的。因此，妻子也很有必要培養自己善於發現丈夫優點的智慧。

前面故事中的趙女士，她本來自己可以做一些努力，因為她也有一半責任，但她沒有嘗試做出改善，反而去抱怨對方。婚姻經營是一門很重要的學問，是需要學習的。我們透過觀察，發現願意學習成長的人一般都會擁有幸福的婚姻，而過得不幸福的人反倒不願意學習成長，因為他們覺得問題都是別人的，責任不在自己身上，這種思考方式是不合理的。所以，我們一定要透過學習成長，自己掌握人生的主動權。

心理成長小技巧 ························

　　繪製一幅自己的婚姻愛情三元素發展圖。親密、熱情、承諾各以 30 分為滿分。剛談戀愛時，三元素的分數是怎樣的；到哪年哪月，三元素的分數是怎樣的；再到了哪年哪月，三元素的分數又有了怎樣的變化……

　　繪製完成後，看著這張圖，再寫一寫：我怎樣做，可以提高三元素的分數。

　　你也可以邀請伴侶和你一起繪製，評估以後，一起制定一份改善方案或者下一步計畫。

參考文獻 ····································

1. 楊鑫輝《什麼是真正的心理學》。

2. [美] 羅蘭‧米勒（Rowland S. Miller）、丹尼爾‧珀爾曼（Daniel Perlman）《親密關係》（*Intimate Relationship*）。

3. [奧] 阿爾弗雷德‧阿德勒（Alfred Adler）《自卑與超越》（*What Life Should Mean to You*）。

第三章
婆媳關係 —— 兩個對我恩重如山的人

　　婚姻裡有一個千古難題，那就是婆媳關係。談婆媳關係，說到「兩個對我恩重如山的人」，其實是站在兒子的角度。

婆婆媳婦的不易

　　身為母親，含辛茹苦地把兒子養大，從懷孕那天起，甚至從嫁進婆家那天起，就再也沒有了輕鬆的日子。就算是夫妻和睦、公婆疼愛、衣食無憂，過得再幸福的母親，也免不了為孩子承擔各式各樣的辛勞和操心。另外，經過數十年辛勞，母親身上大都會留下一些疾病。還有的母親不僅要承受生活的重擔，還要承受公婆欺壓，或是承受丈夫帶來的一些折磨，為了能陪在兒子身邊，把兒子好好養大，忍辱負重，身心都會受到傷害。說母親對兒子恩重如山，一點都不為過。

　　身為妻子，把自己帶進一個新的家庭，生兒育女，相夫教子，要工作養家，要面對各式各樣的家務事和新的人際關係，要面對婚姻中難以避免的危機和挑戰。比起單身女孩的日子，婚後的女性辛苦了不知多少倍。對女性來說，結婚就是一場冒

039

險行動，沒有足夠的愛、勇氣和毅力，女性很難撐過婚姻中的重重壓力。說妻子對丈夫恩重如山，也一點都不為過。

婆婆不易，值得兒媳好好尊敬。兒媳不易，值得婆婆好好疼愛。

新型婆媳關係

從古至今，婆媳之間如何相處，一直都是人們常常談論的話題。在唐朝《女孝經》中對女子有這樣的要求：「女子之事舅姑也，敬與父同，愛與母同。……雞初鳴，咸盥漱衣服以朝焉。冬溫夏清，昏定晨省，……」這源於儒家「三綱五常」思想的影響。隨著文化跟時代的進步，結束了舊時代的婆媳關係。經過數十年，逐漸建立了新型的婆媳關係。

如今，有的婆媳相處得像母女，相互疼愛照顧；有的婆媳像朋友，知心的話說不完；有的婆媳不在一起生活，也互相不干涉；有的婆媳雖然在一起生活，但互相井水不犯河水，也能過下去；有的婆媳則紛爭不斷，搞得家裡雞犬不寧；有的婆婆會受兒媳的氣，被兒媳使喚來使喚去，婆婆敢怒不敢言；也有的婆婆會逼迫兒媳……

相對於古代的「惡婆婆」，現代的婆媳關係相對緩和，婆婆們喪失了自己的權威，同時以一種類似於交換的方式來獲得以

後養老的保障。但不論是在古代還是在現代社會中，有一點是沒有變的：婆媳之間的關係並不是平等的，總是以一方處於優勢地位、另一方隱忍，或者以雙方矛盾衝突的局面存在。

從家庭結構來看，婆媳關係是一種結構性的矛盾關係，這也是婆媳矛盾的本質，這種關係存在合作與競爭。

合作，即婆媳共同維護家庭的發展。婆婆是這個家庭裡上一代的女主人，她應該是這個家庭裡的定海神針。俗語說，「一個好女人，幸福三代人」，這裡的「好女人」的標準指的是孝敬老人、敬愛丈夫和愛護孩子。歷史上很多偉大的母親都是這方面的楷模。兩代母親共同維護家庭，讓家庭裡能夠「厚德載物」。婆婆把她的經驗智慧傳達給媳婦，媳婦負責進行更替，把不好的、不合時宜的淘汰掉，將優良的傳統保留下來。這是一個交替接班的工作，所以婆媳之間是合作關係。如果合作關係好，這個家庭就是幸福的，就會因為婆媳的合作而更加健康地向上、向前發展。

但是，除合作關係之外，婆媳之間也有著競爭關係。此競爭是指心理層面的競爭，是兒子（丈夫）情感歸屬的爭奪。從婆婆的角度講，兒子是她從小養育大的，在她的「自我」裡面，兒子占據相當重要的部分。當兒子沒有戀愛結婚時，他的情感歸屬於母親。當媳婦到來後，兒子不僅擁有母親的慈愛，還擁有了妻子的情愛。這時候，母親如果沒有把「自我」調節好，就會

感到像失去戀人般失魂落魄。從妻子角度講，夫妻之愛本就是身體和靈魂的相互擁有，妻子希望得到丈夫全部的關注。當婆婆的感情和妻子的感情產生碰撞時，婆婆為了親情，媳婦為了愛情，一場情感爭奪大戰便會在明裡暗中展開。一些學者依據佛洛伊德（Sigmund Freud）「同性相斥」理論，認為婆媳由於是非血緣的同性關係，天然地有一種排斥情緒。這種排斥不僅是對待同性的問題，也是對待「情敵」的問題。「寡母心態」、「子代夫愛」正是從心理上分析的。

所以，母親要和孩子之間進行科學的分離。孩子長大了，他要獨立，要掌控自己的人生，可是如果他的母親並沒有準備好，他們之間就會產生衝突。母親如果還把「自我」中的大部分當作是兒子，而沒有回歸到真正的自我，兒子就會受不了，兒子就會出現各種心理問題。如果兒子受得了，他也不是一個健全的人，因為他沒有完全發展起來自己的「自我」，他只是他母親的一部分。

另外，婆媳兩代之間代溝的存在、觀念上的差異，也會造成婆媳矛盾。比如當鄉下婆婆遇到城市媳婦或是相反出身的媳婦時，由於生活背景不同，兩個女人會相互不適應。當兩個人都想按照原有的生活方式來改變對方而對方卻不接受時，就會經常因一些雞毛蒜皮的事而鬧得不可開交，這就會造成婆媳之間的矛盾越積越多。此外，感情基礎薄弱、沒有血緣關係等也

是婆媳衝突的原因所在。

人類在發展，社會在進步，每一個家庭也需要進步。如果婆媳關係不能進步的話，就會是一把雙刃劍，無論對婆婆，還是對媳婦，都是一種傷害。婆媳矛盾會為家庭關係發展帶來困境和僵局，也會對家庭其他成員產生或多或少的消極影響。相反地，婆媳關係和諧，會更利於營造出一個具有正向心理動力的家庭。因此，婆媳之間相互尊重和關愛，是更智慧的相處方式。一個愛得流動順暢的家庭，不僅會讓家庭成員更快樂、更健康，還會直接幫助到下一代的自我人格的建立，讓孩子們發展出自信、自尊、自愛的心理資本，形成積極、樂觀的心理能力。婆媳之間相互關愛、友好合作的示範，對於培養晚輩們的合作能力、愛與被愛的能力，都會產生積極的影響。

因此，家庭的心理生活水準一定要進步，婆媳關係一定要提升。在下文中，我們就來仔細探討該如何提升婆媳關係，如何建立家庭幸福。

一位女士的自述

接下來，我們來看一位李女士的自述。李女士身為兒媳，和婆婆相處得不是很好；身為婆婆，和兒媳的關係也沒有處理好。到底是怎麼一回事呢？讓我們來讀一讀她的故事。

我出生在一個鄉下的家庭，姊妹五個，我排行老三。在我20歲的時候，別人幫我介紹了一個對象。對方家庭也是鄉下出身，排行老大，下面還有兩個妹妹。他為人老實善良。父母和我都覺得可以，就結婚了。

　　在我嫁過去的時候，他的兩個妹妹還小。嫁到他家就是他家的人了，既要伺候公婆，還要照顧兩個小姑。那時，我和他是家裡的主要勞力。務農、做家事一天下來，我累得腰痠背痛。家裡的經濟大權歸公婆管，如果哪裡有不如意的，他們就會發脾氣打人。

　　因為他是兩代單傳，一家人都想要個男孩，我第一胎生的是女孩，公公婆婆很不高興，連個雞蛋都不給我吃。第二胎又是女孩，公公婆婆更討厭我了。後來婆婆去世，我第三胎終於生了個男孩，但公公並沒有因此改變對我的態度，只要一不順心就對我破口大罵。有一次孩子生病，想吃雞蛋麵。雞蛋都被公公收著，我就從雞窩裡拿了一個雞蛋給孩子吃了。等公公去雞窩裡撿雞蛋的時候，發現少了一個，他就對我破口大罵，拿起磚頭就衝我的頭上砸下來，血就從頭上流下來了。丈夫是孝子，雖然知道我很委屈，但也不能說什麼，只能在沒有人的時候安慰我。

　　後來，孩子們也都長大了，兩個女兒相繼出嫁，兒子也在鎮上成為了一名國中老師。其間有一個女孩來家裡找過他，

說是他的同學，我一看她的穿著打扮，就知道她家生活條件優越，她從小就是嬌生慣養的。能跑這麼遠來看兒子，我想兩個人可能是在談戀愛。她和兒子差距很大，我本以為他們只是隨便談談，現在分開在兩地，感情肯定也就慢慢淡了。沒想到兩年後那個女孩畢業了，為了和兒子在一起，就在這裡找工作了，看來兩人是認真的。不管我和他爸怎麼勸說兒子，兒子就是執意要和她在一起，甚至有半年的時間住在學校宿舍裡沒有回家。我看到他們一直這樣堅持，沒辦法就默許了他們的關係，真是兒子大了就疏離了。我們在村裡蓋了新房子，打算讓兒子在家結婚的。但他們又想買公寓，我們兩老只能把家裡的積蓄全部拿出來，還借了一部分，幫他們買了房子。

兒子結婚後搬到新房去住了，有時回來看看我們，有時我們也會去兒子家給他送點吃的。每次一見面，媳婦就開始數落兒子的不是，兒子因為父母在場也不好發作，弄得我們每次都不歡而散。有一次，在我們走後，從來不發脾氣的兒子大發雷霆，嚇得媳婦打電話給我們，又哭又叫的。但這又是誰造成的？他們都是大人，也應該學會為自己的生活負責任。

我覺得媳婦太不懂事了。想當初，我嫁到家裡，吃了那麼多的苦，受了那麼多的罪，都沒有抱怨什麼。現在生活這麼好，也沒有太多的家庭負擔，兩個人不好好珍惜，動不動就吵架，真是身在福中不知福。

做父母最幸福的一件事就是抱孫子。因為老李家到我兒子是三代單傳了，我希望媳婦也能生一個男孩，所以四處打聽可以生男孩的偏方。但媳婦對此不屑一顧，還說我迷信，現在什麼都講求科學。現在的婆婆真是不好當！婆婆說的話，媳婦一點也不聽，還向婆婆大發脾氣。

　　後來，媳婦懷孕了，我們一家人沉浸在喜悅之中。我也在期盼中做著準備工作。孩子出生了，是個女孩，我喜悅的同時又多少有點失望，希望媳婦以後想辦法再生一個。可能以前我想孫子的意圖太迫切，生了女孩以後，雖然我一心一意地伺候媳婦坐月子，她對我還是有很大的敵意，動不動就給我臉色看。像我這把年紀了，還要受媳婦的氣。在我們那個年代，媳婦哪敢這樣做。有一次，媳婦要替孩子洗澡，我怕孩子感冒，說還是不要洗了，孩子又不髒，即使髒一點，又有什麼關係，大一點再洗。媳婦竟然當著兒子的面一把抱過孩子，衝著我說：「真是鄉下人，什麼都不懂！」我傻了，她竟然對我這麼無禮！我辛辛苦苦地在這裡幹嘛，經歷了這麼多，把孩子拉拔長大，結婚生子，最後竟然落到這步田地！我的淚順著臉頰流下，氣得雙手發抖，兒子看到我的樣子憤怒了，衝著媳婦走過去，就把她推倒在床上，說過不下去了，敢對我媽這樣，我們離婚。媳婦放著孩子委屈地大哭，用手指著我：「妳就在你兒子面前裝，等妳終於拆散我們就高興了！」孫女被這突如其來的爭吵聲

嚇得大哭。看到事情發展到這樣，我覺得自己是個多餘的人，就收拾好自己的東西要走。兒子流著淚說：「媽，妳不要走，要走也是她走。」我看了看兒子，委屈和心疼湧上心頭，對他說：「孩子需要媽媽，好好照顧她。」我回去以後，在丈夫面前哭訴著，心中委屈極了。丈夫氣憤地說：「真是太不像話了，不知好歹！我們不去了，好心被雷親！讓他們自己過去！」

第二天早上，媳婦打電話來，說昨天我走後，兒子也走了，到半夜才喝得醉醺醺地回來，對她不理不睬。她一著急上火，奶水也沒了，怎麼辦？大人再嘔氣也不能委屈了孩子，再說媳婦還在坐月子。我放心不下孫女，就又回去了。回去之後，媳婦對我的態度好了很多。雖然我心裡還是有些不舒服，但畢竟是一家人，以後的日子還長。兒子因為這件事，很長一段時間都跟媳婦不冷不熱的。

婆媳誤會，源於感受不一致 ....

看到李女士因為一個雞蛋被公公拿磚頭對待的時候，一股心酸就湧上了我的心頭。記得在一次工作坊中，有一位成員說，在他一直以來的記憶裡，都是媽媽告訴他爺爺奶奶是什麼樣的人，他一直認為爺爺奶奶不是好人，不是溫和的人，不是善良的人。直到在那一次工作坊中，我讓他去回顧，他回想到

了之前和爺爺奶奶一起生活過的一段時光，爺爺是那樣的好，奶奶是那樣的好。他突然意識到原來之前對於爺爺奶奶的認知都是不真實的，那些都是媽媽的感受，不是他自己的感受。

由此，我就回想到了自己。我小時候就聽媽媽說我奶奶的一些事。有這樣一件事，媽媽以前經常會說起，事情是這樣的：有一年中秋節，她拿著月餅去送給奶奶，奶奶就把這些東西掛在院子裡的樹上。媽媽覺得奶奶這樣的做法就是不喜歡她。她記這件事情記了幾十年。後來我學了心理學，我就去還原故事現場：奶奶院子裡邊的樹，一般都是香椿樹，香椿樹有許多分枝，人們都喜歡把袋子等物品隨手掛在樹上，然後就去忙自己的事。當時媽媽拿著月餅去的時候，我奶奶正在忙，她就隨手把這些東西掛在了樹上，沒有拿到屋裡，也沒有請這個媳婦到屋裡坐坐，於是媽媽就心裡不舒服了。奶奶的性格比較獨立自主，有個性，她不是一個喜歡對別人噓寒問暖的人，而我母親恰恰是一個敏感的人，事事都會去看別人如何對待她，所以婆媳鬥爭就這樣引發了。

其實，婆媳關係往往是另一種親密關係。她們沒有血緣，但是因為同一個人，她們不得不成了親人。但她們仍然會站在自我的角度去考慮問題，對同一件事會有不同的感受。很多時候，就是因為兩個人的感受不一致，而導致了婆媳之間的矛盾。

家庭中的正向心理優勢 ·······················

透過李女士的自述，我們可以看到，她和兒媳其實並沒有什麼不可解決的矛盾。婆婆做得很好，媳婦也沒有什麼大錯，只是每個人都渴望被理解、被寬容、被善待。如果這份渴望沒有被滿足的話，心裡難免會有一點不滿。其實兩個人都缺少了忍耐，或者說忍耐的度還不夠。

忍耐，是家庭中必不可少的一項正向心理優勢。兩個人生活在一起，肯定會有觸犯到自己心理利益的時候。只有忍耐、寬容、接納，生活才能變得更好。李女士作為婆婆，她有被公公拿磚頭砸的經歷，也有被婆婆罵過的經歷，所以在對待兒媳上，她會有反思，會有忍耐。她的兒媳有時候也能真實感受到婆婆是真心待他們，比如被丈夫欺負後，她會向婆婆訴說委屈，後來還能跟婆婆和解。在我看來，兒媳並不嬌慣。所謂的嬌慣只是婆婆的印象。現在的年輕人哪個不受父母疼愛？畢竟時代已經不一樣了。

所以，這是一個年代秀，讓我看到了東方女人的不容易，覺得挺心酸的。東方女人的不容易，就在於她們比男人、比社會上任何其他的人都忍耐了更多。幸福都是用她們的忍耐和寬容、妥協和退讓換回來的。如果不退讓，就像我們通常說的「兩個眼睛睜一樣大」，這日子就過不下去了。所謂攜手到老的好婚姻，很多時候都是雙方忍耐的結果。

我在心理學課程中曾談到「雪中送炭」這個詞，主要談的就是婆媳之間的相處之道。婆媳要怎樣相處呢？就是要有「雪中送炭」的智慧！其實所有的媳婦，當她們提到婆婆的不好，往往都是在她們分娩前後，婆婆的行為為她們帶來了不好的感受。因為這些感受發生在她們孕產期這樣一段心理的脆弱期，所以一般都會被媳婦們終生記住。當然不好的感受容易記住，好的感受也是容易記住的。所以，婆婆們，以及未來要做婆婆的女性們，在這個關鍵期忍耐一下，對媳婦好一些，付出多一些，媳婦會一輩子感激妳的，以後會心甘情願地孝敬妳！

　　家庭成員想和睦，無論你是哪個角色，媳婦也好，婆婆也好，公公也好，丈夫也好，兒子也好，「忍」是根本的。「忍」就是一種能力。少了這項能力就很難獲得長久的幸福。改善婆媳關係的方法，其實最關鍵的就是忍耐、寬容和尊重。在家庭經營中，所有想要變得更好，卻從來不去接受現狀、不去忍耐和寬容的，都是不可能有幸福的。現在的年輕人就有一個認知方面的失誤，認為生活沒有最好只有更好，豈不知生活是酸辣苦甜鹹都有的，所有的好婚姻背後都有一位忍耐力極強的人。

提升心理狀態，問題悄然化解 ⋯⋯⋯⋯⋯⋯⋯⋯

　　在這份自述中，婆婆的目標是讓兒子過上好日子，希望兒子幸福。如果婆婆放手不管，夫妻倆能好好過，那婆婆就不要

插手。如果此時婆婆還要插手，那就說明婆婆並不是為了兒子幸福，而是為了自己，這就需要分辨清楚。自述中，婆婆想給媳婦建議，但是有時候方法不得當，媳婦就聽不進去。如果因為媳婦沒有採納自己的建議，就對她有意見，這是不對的。別人有權利不接受建議，不是嗎？婆婆要確定自己的目標是讓兒子幸福。

婆媳關係不好，是和兒子的愚孝有一定關係的。愚孝不是說不孝順，而是不懂得該怎樣孝順。要想婆媳有好的關係，男人一定要在這其中有著調節作用。如果是愚孝的話，就往往會站在媽媽的立場上考慮問題，而沒有照顧到太太的情緒。就像這份自述裡的兒子，他是眼睜睜看著母親的頭被磚頭砸了的，他長大之後，不可能不疼母親。母親就是再糟糕，他都要疼。但是，他疼母親的方式不能建立在犧牲太太意願的基礎上，不能因為太太沒有做到婆婆的要求就對媳婦打罵訓斥。兒子欠母親的，需要自己還，不能因為太太跟自己成了一家人，就要她替你還所有的債。所以兒子的孝順也要有個限度。孝順也是一種心理能力。身為兒子，你愛媽媽，這是自然的，但是你孝順媽媽孝順到把自己弄得很難受，或者把家庭搞砸了，這種孝則是不可取的，這也表示這項心理能力你是不及格的。

媳婦要看到，婆婆是你的未來。她在前面為你做了榜樣，你應該吸取她的經驗，從這個角度來講，媳婦要感謝婆婆。曾

經有這樣的故事，兒子、媳婦對父母不好，後來，孫子也學著對自己的父母不好。從這個角度來說，妳未來的幸福，實際上就是現在妳婆婆的幸福。所以，媳婦也要注意自己的言行。對於媳婦來說，以自己替丈夫盡孝的心態去對婆婆好，是最為智慧的。我們在和親生媽媽相處時，可以對親媽提要求，親生媽媽不會生氣。對婆婆來說也是一樣，她的兒子對她提要求，她不會生氣。因此，要求要留給丈夫去提。身為媳婦，在心態上能夠這樣轉變，就不會有以德報德的要求，也不會有吃虧的感覺，不會有受害者的感覺，不會有吃力不討好的感覺。這樣婆媳之間相處就容易了。

　　未來，我們建立幸福家庭時，就要注重提升家庭成員的心理狀態。心理工作者在做婆媳心理輔導或家庭心理建設的工作時，就要幫她們了解需要具備怎樣的心態，才能使她們的問題得以化解，而不是要去打官司，評論誰對誰錯，這沒有任何意義。有了尊重、寬容、忍耐、進取、創新等正向心理優勢，許多問題也就可以直接化解了。

心理成長小技巧 ⋯⋯⋯⋯⋯

　　請在一張 A4 紙上畫一條河流，在河流的波紋之間，寫上自己目前已有的家庭正向心理優勢。再換一種顏色的筆，寫下

自己還需要繼續培養的家庭正向心理優勢。然後，請在紙的背面，寫出你想培養的家庭正向心理優勢，可以幫助你解決哪些家庭問題。

以下家庭正向心理優勢關鍵詞，可供參考。

尊重、寬容、忍耐、進取、創新。

參考文獻

1. 徐少錦、陳延斌《中國家訓史》。

2. 康泳〈中國現代文學婆媳關係的敘事模式及其文化意味〉。

3. 易伍林〈複製與嬗變：當代婆媳關係的社會學分析〉。

4. 葛宇寧〈從倫理的視角談現代婆媳關係問題〉。

5. [愛爾蘭] AlanCarr《積極心理學》(*Positive Psychology*)。

第四章
一張床，六個人

　　說起床，它特別有故事。因為，我們人生中的幸福，就是跟床有關係的。

　　很小的時候，媽媽會在床上把我們摟在懷裡。我們也喜歡在媽媽懷裡睡覺，在媽媽懷裡張望著周圍的一切，在媽媽懷抱裡玩。媽媽的懷抱就是我們的床。當我們長大了一些，依然想要去和媽媽擁抱。媽媽充滿愛的懷抱，是孩子獲得幸福和力量的泉源。當我們結婚以後，床頭吵床尾和、生下愛的結晶……都是在床上完成的。所以，床是愛的地方，這裡面既有母親給孩子的愛，也有夫妻之間的愛。因此，「床」在我們心理發展的過程中，漸漸形成了「親密愛戀之所在」的心理文化符號。

　　從這一章起，我們會用連續三章的篇幅，來談「床」系列的三個主題：一是「一張床，六個人」，二是「六個人，一張床」，三是「一個人，六張床」。

　　「一張床，六個人」，是講在這一張床上，表面上看，是夫妻兩個人，但是，每個人的背後，都有一個原生家庭，丈夫和他的父母，妻子和她的父母。我們在原生家庭的影響下，逐漸形成自己新的家庭文化。所以，一個家其實是「一張床，六個人」。

家庭文化 ·····································

　　文化，是人們生活所依靠的一切，包括生產生活方式、政治法律制度、宗教信仰、道德準則、文字、語言、文學、思想、學術、藝術、科技、飲食，服裝……包羅萬象。

　　文化具有清晰的地域和民族差異，不同的地區也會存在一些顯著的文化差異，而每一個家庭，也擁有自己獨特的文化。就像人類的文化不斷傳至下一代一樣，家庭文化也在不斷地注入下一代的文化基因裡。我們會傳承很多普遍性的文化，會選擇很多利於生活的文化，也會創造出新的文化。

　　對於一個家庭來說，價值觀、信念、心理素養、語言符號、思考方式等，都會對家庭成員產生文化影響力。家庭從建立到發展的過程中，生活方式、處事方式、經歷過的事、去過的地方、認識的人……都會在家庭成員心中形成一個又一個文化符號，漸漸沉澱在心靈裡，對人生發揮著影響作用。

　　家庭文化展現著一個家庭的生活方式、生活作風、家庭道德規範和為人處世之道，因此也就明顯地表現著一個家庭的價值追求和理想信念，具有明顯的導向功能。

　　如果把家庭文化比喻為一棵大樹，那麼，有的文化內容是樹根，例如價值觀、信念、心理素養、道德等；有的是樹幹，例如對生活的態度、處世風格、家規等；有的是樹枝，例如生

活方式、思考方式、語言習慣、行為方式、教養孩子的方式、表達愛的方式、創造財富的方式等；有的是樹葉，例如讀的書、聽的音樂、學習的本領等；有的是果實，例如家庭成員取得的成績、成就、榮譽等。

家庭文化對維護家庭團結、社會穩定以及促進個體發展和社會文化的繁榮具有重要意義，尤其是對下一代的成長產生規範、引導、調節等巨大作用。家庭文化建立有助於家庭成員樹立正確的世界觀、人生觀、價值觀、道德觀等，指導著家庭成員的生活觀念、價值取向、行為準則、家庭美德、興趣愛好以及待人處世、鄰里交際等，使人們形成更加進步、健康、科學的家庭生活方式。一方面，良好的家庭文化氛圍和環境可以使每一位家庭成員都能擁有良好的心態及行為素養，從而利於個體發展；另一方面，家庭所有成員的教育程度、精神追求、價值觀念都決定著家庭的方向、水準及和諧程度。

那麼，兩個人走在一起，實際上是一場跨文化的結合，必然要面臨雙方家庭文化的衝突與融合，要建立新的家庭文化。

一對夫妻的衝突 ···

我們來看一個故事。

張女士出生在一個公務員家庭，在家是長女，有兩個弟弟。

由於父母經常出差，她從小就扮演了長姐如母的角色，在鄰居眼中她是很能幹的，也常常被大人誇獎。不過由於父母管教很嚴，不准她和男孩子有過多的接觸。一直到了 27 歲，張女士才經人介紹認識了現在的丈夫。他是當地軍校的軍官，個子不高但英俊。兩人談了半年戀愛，就結婚了，婚後的生活也很幸福快樂。

但是，婆婆的到來打破了兩人的平靜生活。張女士對婆婆的印象很不好。當初和丈夫結婚後第一次回婆家，那天天氣很冷，他們坐了幾個小時的車，渾身都凍僵了。兩人還買了很多東西準備分給親戚作為見面禮。到家後，婆婆一句問候的話都沒有，眼睛卻盯著他們帶的東西一件一件地數，張女士心裡很不是滋味。第二天拜訪親戚時，婆婆一件禮物也不許他們拿，張女士只好和丈夫空著手，很沒面子地拜訪完親戚。張女士當時發誓再也不進婆婆家門了。婆婆這次不請自來，說：「兒子成家了，我也老了，要靠你們養著，以後幾個孩子家輪流住。」張女士想反正也不是常住，就想盡量處理好與婆婆的關係，想方設法替她做好吃的，帶她出去玩，買衣服給她。可是婆婆並不領情。有一天，張女士外出回來，聽到婆婆對兒子說：「你怎麼能把薪水都交給媳婦管？女人就是伺候男人的，以後不要刷洗。」見張女士進來，婆婆不但沒有難為情，反而說：「我兒子最近瘦了，你得為他做點好吃的。」丈夫只低著頭一聲不吭。張

女士流著淚跑進臥室，感覺怎麼這麼這麼倒楣，找了這麼個窩囊丈夫，遇上這麼個不講道理的婆婆，今後的日子該怎麼辦？

為此，張女士很長時間不怎麼理會丈夫，回娘家的次數也多了起來。漸漸地，張女士不再討好丈夫，盡量避免和他在一起的機會。婆婆也感覺不自在，就走了。婆婆走後，張女士和丈夫大吵了一架，丈夫還摔了東西，住在部隊裡一個星期都沒回來。這讓張女士意識到，在丈夫心中，媽媽比她更重要。張女士感到無比委屈，萌生了離婚的念頭。當她把這個想法告訴父母時，卻遭到了他們強烈的反對。母親說：「我一直以為妳是我的驕傲，現在妳竟然要離婚？妳要想辦法好好過日子，別那麼任性，誰在婚姻裡還不受點氣？」張女士知道他們是愛面子，怕自己離婚對他們帶來不良影響，於是打消了這個念頭。

不久，張女士懷孕了。兒子出生，張女士沒有讓婆婆來帶。她每天上下班帶孩子雖然很累，但沒有怨言。隨著兒子一天天長大，張女士發現丈夫的大男人主義作風越來越嚴重，兒子做錯了事，丈夫非罵即打，也不讓她管。兒子上小學時，一次數學考試因粗心沒及格，丈夫一巴掌打過去，兒子的頭重重地撞到了桌子上，當時就暈了過去。丈夫也害怕，趕緊搭計程車帶兒子去醫院。但從此以後，兒子見他就像老鼠見了貓，性格更加內向。後來，丈夫強制要求兒子選自然組，本來兒子數理化基礎就差，高中三年，儘管刻苦努力，大學也只考上了後段學

校。大學考試成績公布的那天，丈夫大罵兒子是笨蛋不爭氣。那天，兒子第一次說：「媽媽，我覺得活得真沒意思。」張女士怕兒子出事，求丈夫別再責罵兒子，他卻說：「妳生的廢物！都是妳寵的！我做夢也沒有想到，人到中年，我會是這個樣子！」

後來，兒子大學畢業，正在為工作煩惱時，丈夫部隊的上級幫助他為兒子介紹了一份工作。從表面看來，一切都是那麼完美，但是他們家庭內部的火藥味卻越發濃烈。丈夫經常打電話給兒子的上司，說兒子的一些缺點和不足，要求嚴格管理。這讓兒子在上司和同事面前很沒面子，父子之間的矛盾也越來越深。

有一天，兒子因為工作失誤，被上司狠狠罵了一頓，他心情鬱悶，就回家喝了很多酒，喝醉後又哭又鬧。這時，丈夫回來了，看到兒子這樣，就去罵他。沒想到兒子竟用酒瓶砸了父親的頭。丈夫害怕了，便報了警。等張女士接到鄰居電話趕回家時，兒子被帶往派出所，丈夫被送到醫院。雖然事情很快平息了，但是兒子的前途和家庭的聲譽都被毀了。公司以耽誤工作為由，讓兒子長期休假。

張女士看著兒子受煎熬，她把憤怒全部指向了丈夫：「從我們的婚姻到兒子的前途，都被你的父權主義思想毀了，你為什麼要這樣？」她哭得昏天黑地，眼光無意間落在丈夫的臉上時，竟然發現他在流淚。結婚 26 年了，丈夫從來沒有在她面前掉眼淚。他說：「妳罵得對，我錯了，是我對不起妳和兒子。」他哽

咽著給對女士講了一個埋藏在他心中的祕密。

「12 歲那年，父親去世了，母親一個人帶著四個孩子，生活異常艱難。16 歲那年，母親要改嫁，意中人是住在附近的一位大叔。我帶著弟弟跪在母親面前，死活不同意母親改嫁，母親不答應就不起來，母親流著淚答應了我們。從那天起，我就發誓要好好努力，長大了做大事，賺大錢，讓母親享福。18 歲那年，我當兵了，被推薦上了軍校，當了軍官，我感到我沒有讓母親失望。母親為我們失去的，我正在慢慢地還給她。可是我錯了！有一次回家，我看到母親身體很虛弱，精神也有些恍惚。姊姊偷偷告訴我，那位住在附近的大叔去世了！原來，大叔從小和母親一起長大，感情很好，但因他家過於貧窮，母親還是被迫嫁給了父親。父親去世後，母親也曾答應嫁給他，但是由於我的阻撓而又一次拒絕了他。大叔終身未娶，母親為此內疚悔恨。我聽了非常後悔，但又無法彌補。我再次發誓，將來我結婚生子，媳婦一定要對婆婆孝順，孩子一定要替奶奶爭氣！所以，結婚後，不管什麼原因，只要妳和母親有糾紛，我都會指責妳，對兒子也嚴格要求，就是想讓他出人頭地。看著他唯唯諾諾，沒一點男子漢氣概，我就想發脾氣。沒想到事與願違，弄成今天這個樣子，我知道妳跟著我受了很多委屈，也知道不應該打罵兒子，但就是控制不住自己，是我毀了兒子。我對不起你們。」

看著丈夫悔恨的樣子，張女士的心中五味雜陳，分不清是什麼滋味。突然間，她覺得丈夫也很無辜，婆婆也很可憐。

婚姻是無限責任公司

這個故事有些沉重，也有很多無奈，讓人唏噓。這個故事呈現出了家庭文化的影響作用，表面上看是兩個人的婚姻，但是誰不帶著過去？這些過去是從哪裡來，是兩個人曾經的經歷，當然也包括兩個人的原生家庭為他們身上帶來的烙印，甚至是一些債務。家庭其實就是一個無限責任公司。當初兩個自然人約定合作開一家「公司」，「公司」成立之後他們都成了「股東」，股份各占 50%，共同擁有對「公司」的責任和義務。「產品」就是孩子。即使有一天婚姻解體了，兩個人也從此擁有了無限責任。因此，「公司」要考慮長遠發展的需要。

故事中的丈夫帶著對母親的愧疚，這是他攜帶的一份債務。

但是，他的婚姻顯然不可能還這個債。如今，兒子處境可憐，「公司」又產生了新的債務，整個家庭處在深深的陰霾中。其實夫妻雙方都應該對這個家庭的現狀負責。

家庭教育要避免雙重束縛 ·····················

假如一開始張女士就向她丈夫的原生家庭和所謂的父權主義妥協，知道他就是這樣的男人，知道他出身軍人家庭，教育嚴苛就認了他這樣的大男人主義的話，他們就不會起衝突了。那麼，他們的家庭也許沒有那麼幸福美滿，但是至少不會像今天這麼糟糕。現在兒子二十多歲了，夫妻之間的戰火也燃燒了二十多年。丈夫用火力，妻子用軟對抗，這種對立對孩子產生了深遠的負面影響。孩子身上既有被爸爸打壓的憤怒，雖然表面看起來懦弱，但內心極度暴躁。媽媽一直和爸爸對抗，孩子耳濡目染又學到了媽媽的從來不服從、不合作的決心。所以，爸爸要向孩子道歉，其實媽媽也有責任。

在我看來，家庭分三個層次，最高級別就是兩個人一致，都有健康的方法，一起教育孩子、經營家庭。第二個級別是有一個人退而求其次，主動放棄用自己的價值觀和文化去教育孩子、經營家庭。夫妻雙方其實並沒有誰對誰錯，只要能讓孩子感受到愛。所以，有一方願意妥協，這個家就不會是這樣。第三個級別是最低的，也是最糟糕的，就是他們現在的結果，長期戰火不斷，孩子永無寧日。

在家庭治療中，在親子教育中，都有雙重束縛。對孩子最大的危害，不是因為兩個人沒有找到更好的教育方法，而是因為兩個人對抗到底。只要有一方妥協，戰亂就不會有了。

原生家庭父母退出對子女家庭的介入 ·········

　　在這過程中,原生家庭父母要特別注意一點,就是一定不要去干涉子女家庭的經營,而是讓他們自己管理自己的家庭。如果過去一直在介入,那麼就要立刻切斷,立刻把自主管理的權利交給新家庭成員,讓他們自己行使作為成年人為家庭負責任的權利。因為只有這樣,他們才能一步一步達成跨文化的相處,逐漸形成新的家庭文化,過上安穩的日子。否則就會衝突不斷,不得安寧。當一對年輕男女走進婚姻,他們對於如何經營婚姻家庭,最需要的,就是獨立的思考和行動。就像每個人在上學時需要獨立思考、獨立完成作業一樣,婚姻生活更需要獨立的思考和行動,這會讓一個人形成真正獨立的人格。擁有獨立人格的人,會更有安全感,更能夠接納彼此不同的地方,也就更容易在婚姻中隨遇而安,主動適應對方家庭不同的文化,夫妻的感情會更加親密和諧,婚姻才會達到真正的幸福。

家庭文化衝突與文化融合 ·····················

　　我們繼續去透過現在的局面往之前看,如果丈夫在當初談戀愛的時候,就告訴他的妻子關於他母親的故事,讓對方了解自己的家庭文化和背景,是不是就可以讓他的妻子更加理解他?

　　這是一場因文化衝突而產生的戰爭。妻子信奉的是包容和愛，丈夫信奉的是一切靠自己奮鬥。丈夫 12 歲就沒有爸爸，一切的成就都是他自己爭取的，他是自立自強的一個人。這位丈夫有他自己做人的方式，一種讓自己獲得成功和目標的方式，所以，他就永遠不可能妥協。他和妻子的兩種價值觀的衝突就是文化衝突。

　　處理文化衝突，最好的辦法就是文化融合。相互了解，了解就會理解。例如，美美國警察盤查一位黑人，說：「站住！舉起手來！」黑人以為他們要身分證，結果他一掏身分證，美國警察一槍把他打死了。為什麼呢？美國警察以為他是在掏槍。這就是文化差異。我們所看到的文化差異，只是國家與國家不同，種族與種族不同，群體與群體不同，我們很少把這種文化差異放到家庭裡來看。其實，在家庭中也存在文化差異。故事中的丈夫捍衛的是要讓母親過上好日子；妻子捍衛的是待人要溫和，不要霸權，要相互尊重。

　　某部電視劇裡的主角，他的妻子很愛他。妻子來自一個貴族家庭，父親是位學者，就是因為有文化衝突。兩個有文化衝突的人要想在一起生活，就要去了解對方的文化。而男主角從來沒有想要去了解妻子的文化，他從骨子裡就沒有認同過妻子的文化。他說：「又是鋼琴，又是油畫，這哪一樣是我們這種平民喜歡的？」「現在社會的建設就是靠我們這些基層勞工打下來

的！」所以，妻子在丈夫眼裡就是個不食人間煙火的富家女，丈夫在妻子眼裡就是個沒文化的粗魯人。兩人就沒有互相認同過，這就很容易產生矛盾。如果雙方互相不認同，就要想辦法去認同，去了解，了解了就可以理解，理解了就會接納，接納了就會駕馭，最後才能融合。

很可悲的是，很多家庭中，孩子都成長到十幾歲、二十幾歲了，甚至第三代都有了，兩個人依然不認同對方。看起來好像是個性問題，其實不是。每個人的個性肯定是有不同的，關鍵就是，兩個人從骨子裡有沒有認同過對方的文化？很多家庭成員都說過這樣的話：「你媽那樣的，你看她把孩子帶成什麼樣了？」這就是文化不認同。因為他們缺少尊重的能力，因為他們只站在自我的文化裡面，沒有跨文化的思考能力。

從全球視野來看，人類的文化是多樣性的，就像花園裡百花盛開，如果只留一種花，把其他花全部剷掉，那世上就會少了很多色彩與美好。凡是要消除文化多樣性的，都是與人類為敵。從家庭生活視角來看，你這樣生活是對的，我那樣生活也是對的。那麼，在婚姻家庭中，凡是要消除對方的文化，而讓對方依附於自己的想法和行為，都是錯誤的。故事裡的張女士還沒有意識到這一點，她的丈夫已經深刻地意識到了。

婚姻家庭的形成，是兩種文化走出來的兩個個體，他們身上分別帶著自己的爸爸和媽媽。兩個人走到一起，睡在一張床

上，實際上這張床上有六個人，這就是兩種文化的較量。他們的較量展現的最佳戰場一般是在孩子的教育和生活方式上。爸爸要這樣教，媽媽要那樣教，兩人互不相讓，所以孩子往往就教出問題來了。問題孩子的背後就是問題家庭，問題家庭的背後就是文化的衝突。

如果一個人不願意主動去了解、接納對方的家庭文化，就不要再口口聲聲說「我愛你」。如果愛人家，就要尊重人家，你做到了嗎？一點小事不如自己的意，就呼天喊地，有什麼資格說愛？愛是依隨所愛之人的心意，是真心實意地尊重、理解、接納伴侶。兩個人原本都帶著自己原生家庭的文化，當他們融合在一起的時候，肯定要經歷一個衝突期。在這個衝突期，如果彼此認真對待，彼此了解，彼此接納，擁有這樣一份愛的能力，這些衝突其實是好事情。衝突過後，就會開始形成新的家庭文化。

我們在婚姻中，兩個人那麼相愛，是很值得嘗試進行文化相融的。

家庭文化建設的必要性 ·····························

我們要把化解家庭文化衝突、融合雙方家庭文化、建設新的家庭文化，作為經營婚姻家庭的重要工作。因為家庭中很多問題的根源都在這裡，包括：孩子的教育問題、夫妻感情不和

的問題、婆媳關係的問題、對兩方長輩不認可的問題等。張女士的故事就是一個極端的案例，他們的文化衝突的確造成了嚴重的影響。很多事情在表面上看不出來，其實都在發揮作用。

夫妻雙方只要用心理解、接納彼此，過兩三年，基本就可以達成互相認同了。夫唱婦隨、舉案齊眉、齊心協力，這幾個詞語的背後，反映的都是夫妻對彼此文化的接納與融入。

我們在進行工作坊的時候，會擺一張床在現場，請夫妻兩人直接往床上一躺，隨便找個地方睡。然後，讓他們選各自父母的替身，就像演心理劇一樣，也躺到床上去。我們就會看到，有些「婆婆」，就要睡在夫妻倆中間，她不睡在那裡就不舒服；有的人擠啊擠啊，最後把一個人擠出去了。透過這樣一個過程，夫妻各自攜帶的文化就會呈現出來。他們在經歷的過程中，就能夠領悟到家庭中的一些問題究竟是怎樣產生的，就會去思考今後要怎麼辦，家庭文化要怎樣建立。

心理成長小技巧

畫兩棵根部相連的大樹，一棵代表你的原生家庭，一棵代表伴侶的原生家庭，分別在樹根、樹幹、樹枝、葉子和果實旁，寫下每個家庭的家庭文化。不知道的地方，可以向父母親和伴侶詢問。

　　然後，觀察一下這兩棵樹，想一想，哪些是需要接納和理解對方的，哪些是可以相互融合的。然後寫下來。

參考文獻

1. 梁漱溟《中國文化要義》。
2. 郎小倩《家庭文化的德育功能及其實現》。
3. 張立志〈對家庭文化建設的思考〉。

第五章
六個人，一張床

上一章我們談的是「一張床，六個人」，這一章我們談「六個人，一張床」。這又是怎麼回事？

六個人，一張床 ·····························

「六個人，一張床」，是從我們內在自我角色的變化這個視角來看的。自我是人格中很重要的部分，每個成年人的自我裡都有三個人。每個男人，都有一個內在小孩，同時，他也是父性的代表。這樣，每個男人就同時擁有父親自我、男人自我和內在小孩這三個角色。女人也一樣，擁有母親自我、女人自我和內在小孩這三個角色。所以，表面上看，是兩個人睡在一張床上做夫妻，實際上是有六個自我在互動。

六個自我，會形成四種婚姻親密關係模式。

父親對小女孩：當丈夫的父親自我出來時，他希望能夠照顧妻子，這時候妻子的最佳對應角色是內在小孩。父親很喜歡照顧這位小女孩，就像照顧女兒一樣，特別有愛，可以為她做

飯，為她買東西，體貼關注她的情緒，為她在工作中奮鬥，保
護她免受生活的風霜。

　　小男孩對母親：當丈夫的內在小孩出來時，他就會希望妻
子像母親一樣體貼、呵護、照顧他。不僅是做飯、洗衣，連平
時很簡單的小事，丈夫也希望妻子來幫助自己，例如剪指甲、
掏耳朵、選購衣服……甚至在有些家庭裡，主要靠妻子賺錢養
家。當妻子很樂意呈現出母親自我時，她就會很願意為丈夫做
這一切。

　　男人對女人：兩個人分別呈現男人自我和女人自我，享受
屬於兩個人的浪漫生活。

　　小男孩對小女孩：有時，小男孩和小女孩一起玩，覺得很
開心。有時，日子並沒有那麼開心，小男孩想要被照顧，小女
孩也想被照顧，兩人都不想做家事，兩人都不想帶孩子。怎麼
辦？吵架！抱怨！冷戰！互相都覺得對方很不講道理，根本沒
法相處，不可理喻！但是很快又會和好了。

　　不同的關係模式，兩個人之間誰在和誰互動，很值得洞察
清楚。當相處的關係模式令彼此不舒服時，要如何調整，也是
一種必需的智慧。

愛情中的小男人和大女人 ·····················

　　陳女士幾年前的婚姻是這樣的。丈夫有些大男人主義，稍有不滿就大發脾氣。他在外面發完脾氣，回到家又會哄妻子，讓陳女士哭笑不得。更讓陳女士無法忍受的是丈夫愛玩、愛賭的性格，時不時會惹出一些事情來。不是外面有了女人，就是賭博輸掉了幾十萬。陳女士為此十分生氣，可生氣歸生氣，生意不能沒有人管。就算陳女士晚上哭了一夜，第二天擦乾眼淚仍要去工作。

　　丈夫很少能在半夜前回家，經常和朋友出去吃宵夜喝酒。生意上的事也不管。陳女士不是沒有抱怨，但是後來她想通了。

　　既然丈夫不關心自己、不在乎自己，自己也不能把所有的精力都放在他身上。

　　孩子一天天大了，生意一天天好了，陳女士也想有自己的生活。有一年春節，陳女士一個人去了北部。回來時，丈夫竟然破天荒地去接她，還對她說：「老婆，我特別想妳！」到了第二年春節，陳女士問丈夫要不要一起去旅遊，丈夫表示同意。於是他們帶著女兒一起去了外島，玩得很開心。在過去，他是絕對不會去的。

　　後來，陳女士在網路上認識了一個男人。這個男人是香港人，曾在國外留學，目前在臺灣工作。他曾有過一次失敗的婚

姻。一開始，兩人只是普通聊天談心的網友。後來，他們發現彼此的人生態度驚人的相似，有種相見恨晚的感覺。兩人後來約出去見面，甚至還一起去旅遊。不過陳女士的反常引起了丈夫的注意。丈夫查了妻子的通訊記錄，發現最近她頻繁和一個人通電話，就問妻子這個人是誰。陳女士明確地告訴丈夫，他是自己很好的、可以談心事的朋友。陳女士還說：「這些年來你在外面一直有女人，而我為什麼不能有自己的朋友？如果你同意，我們可以互不干涉地過日子。如果你不同意，我不介意和你離婚。」

沒想到，丈夫非常痛苦。他說他不能想像失去妻子他該怎麼辦！丈夫堅持讓陳女士和對方斷絕來往，而她又做不到。陳女士無數次在通訊軟體上將對方封鎖，又無數次恢復，內心的煎熬讓她痛苦不堪！一邊是人生難得的知己，而另一邊是相濡以沫的家，還有兩個難以割捨的孩子。在這種反覆的痛苦中，終於有一天，陳女士拿起電話打給那個男人。她說：「如果你準備好了，我就放棄一切跟你走。」可是，對方卻說：「妳不能這樣做，因為丟下孩子和一個家，妳無法承受，我也無法承受。」原來他小時候，他的父親就是一個不負責任的男人，丟下孩子不管，是他媽媽一手把他們帶大的，為此他很同情媽媽，痛恨爸爸，他不希望他的另一半是一個如此不負責任的女人！陳女士聽到這裡，默默地掛了電話，走回店鋪繼續做生意。她心中所有的痛苦和矛盾似乎在剎那間釋然了。

出軌背後的心理動機 ·····························

　　故事中陳女士又和丈夫和好了，這是因為丈夫暫時妥協了。而婚姻中的忠誠問題，對婚姻的殺傷力是很大的。就相當於一位媽媽單獨把小孩留在家裡，小孩產生了一種被拋棄的恐懼感，這種恐懼感不會因為媽媽回來了就能馬上消失的。同樣，在婚姻中，一個人不忠誠於對方，其實也是對對方的一種拋棄，他透過這種行為去攻擊對方，對方就會感覺到強烈的羞恥以及低價值感。所以，在他們重歸於好之後，還是會有一些隱患。

　　為什麼有些人會出軌？大多數人在遇到這樣的故事時，首先會從道德的視角來看，這個男人花心，這個女人不守婦道。但心理學的角度卻不是從是與非、好與壞、對與錯來看出軌問題的。道德視角是倫理視角，而心理學的視角是從動機與行為的關係來看的。每一個行為背後，都是有動機的。那麼，丈夫為什麼會做出這樣的行為？他有其心理上的動機，有因有果。我們要消除苦果、毒果，那麼就要把因翻出來。

　　有的人為什麼會出軌？其中有一個原因就是，他的親密關係沒有滿足他的需要，這時就會有這樣的現象。有的丈夫出軌了，妻子就憤憤不平，然後就說：「他出軌，我最恨的是什麼？是他找了一個比我還差的人！」她說：「你看這個人，長得比我

醜，要什麼沒什麼！」我們發現，妻子所說的這位比她還差的人，評價的標準是按照通常的外貌標準，這個女人是否漂亮、身材好、氣質佳。可是，我們分析一下，丈夫找的是什麼人？他找的是一個像媽媽一樣的人！這個人長得不好看，但是她就是有愛，她可以包容他、接納他、傾聽他。實際上，不是她的丈夫出軌了，而是她丈夫內心的小男孩出軌了，就是那個小男孩找到了一個媽媽。如果是男人出軌，就是男人去找情人；而內在小男孩出軌，就是小孩去找媽媽。世上有這樣一句話，叫做「兒不嫌母醜，犬不怨主貧」。母親長得怎麼樣其實不是重要的；母親性格好不好，對我好不好，疼不疼我，才是重要的。所以，妻子看著自己的丈夫找了一個長得不漂亮，但實際上丈夫卻願意跟她在一起的人。

在婚姻中，每一個男人內心都有一個小男孩，有心理依戀的需要。照理來說，每一個女人在婚姻中，在親密關係中，都有一個母性角色。在婚姻中，小男孩的需要誰能滿足？就是妻子的母性角色，有一些女人不就是這樣抱怨說：「我好像養了兩個兒子！」

在老莊文化中，有講到真誠。《道德經》中講到「為天下谿，常德不離，復歸於嬰兒」、「含德之厚者，比於赤子」。

「赤子」就是指天真無邪的嬰兒。在古代，「赤」通「尺」。剛出生的嬰兒身體僅一尺長，因此稱為「赤子」。在人的一生中，

不論你年齡多大，在你的內心裡，都有一個真誠的、純真的內在小孩，有一顆「赤子之心」。「赤子之心」就是初生嬰兒之心，是非常純真、不受任何汙染的一種狀態。實際上，也有人形容老人叫「老小孩」，這是因為他一直都有一個內在小孩，在後天教育的過程中，在不斷社會化的過程中，他的社會自我把小孩的角色藏到內心去了，成了內在小孩。等他老了，身體功能開始出現衰退，他的社會化也逐漸退去了，他不再那麼在乎別人怎麼看他了，這個小孩就又呈現出來了。所以，從我們出生，到最後老了離開世界，內心一直都有一個小孩的自我，這是符合人的生理和心理發展的，是符合社會文化心理的發展的。

每個男人，不管長多大，內在都有一個小男孩。每個女人，內在都有一個小女孩。如果一個女人失去了內在小女孩，就不可愛了，那麼在婚姻中，她的丈夫怎麼會喜歡她？如果一個男人失去了內在小男孩，他在婚姻中也不可愛了，他的妻子怎麼會喜歡他？所以，內在小孩一定是可愛的。一個男人在事業中是大男人，但是，回到親密關係中，一定會有小男孩的角色出現。當然他不可能天天是小男孩，但是一定要有。如果一個女人不讓自己丈夫的小男孩角色展示出來，一出來就一番打擊，三番五次打擊後小男孩角色就根本不敢出來了。那麼他就會在一個能夠撫慰他內在小男孩的女人那裡表現出來。表面上看，是男人出軌了，實際上，是內在小男孩出軌了，男人只不

過是一個替身。所以一個男人出軌，並不是說他就是喜歡這個女人，就要和她結婚，就要和她有未來。她只不過是因為滿足了內在小男孩的需要，性關係就自然而然地發生了。他實際上還是在找一個媽媽。

還有一些人，他的父親自我的需要沒有得到滿足。比如，在故事中他們原先的相處模式裡，這個女人一直就是個女強人，不允許內在的小女孩出現，她就沒有被愛的能力。為何一些女孩看起來柔柔弱弱，各方面的能力也不是很突出，但是她找的男友或者丈夫總是很寵愛她？因為她有被愛的能力，她願意接受別人對她的幫助。故事中的妻子從來不讓她的內在小女孩出現，她丈夫的父親角色發揮不了作用。此時，丈夫只好去幫助其他人，比如公司新來的女同事。久而久之，雙方便產生了好感。此時男人的出軌是父親角色在發揮作用，他為了找到自己的價值。

還有一些人，男人需要有一個能刺激到他雄性荷爾蒙分泌的異性伴侶，這時候就是要找一個女人。但男人真正因為妻子或女友性吸引力不夠而出軌的比例是很少的。

男人出軌有這三種情況，那該如何挽回出軌的丈夫呢？有的人選擇抓住丈夫的胃，但夫妻間的情緒其實會影響胃的功能，因此不一定能夠奏效。有的人透過孩子來控制丈夫，或者告訴父母去找他談話，但往往會把局面弄得更加難以收拾。這

些都不是最好的。女性們如果想挽回丈夫的心，需要抓住他的內在小男孩，需要抓住他的父親自我，同時在女性魅力方面下功夫，就會更加有效果。有一些女性在這方面做得很好，她既可以讓丈夫像個父親，又可以讓丈夫像個小男孩。反過來丈夫也是一樣，既要讓妻子是個女人，也要讓她展現自己小女孩與母性的一面。

懂得角色搭配

「六個人，一張床」，是在床上睡著六個身分，六個自我。這六個自我會形成婚姻中的四種親密關係模式。父親對小女孩模式、小男孩對母親模式、男人對女人模式、小男孩對小女孩模式。另外，一個爸爸和一個媽媽也不能談戀愛，一個母愛氾濫，一個父性氾濫，是不可能相配的。

在婚姻中，親密關係模式是不斷變換的。剛開始時，通常是男人對女人的模式。漸漸地，母親的身分出來，小男孩身分就出來了；小女孩的身分出來，父親身分就出來了；大多數的時候，是小男孩身分和小女孩身分一起出來。

當妻子一懷孕，男人就自動更新為父親。他其實不只當小孩的父親，他還要當他妻子的父親。因為妻子在孕產期是很需要被照顧的。但問題是，為什麼分娩前後出軌多？就是因為在

角色配合上沒有與時俱進。丈夫在這時候要主動地承擔起父親的角色，不能再只做一個等待妻子照顧的小男孩了。妻子懷孕了、分娩了，沒有精力照顧丈夫了，丈夫這時候正是發揮父親自我魅力的時候，盡心盡力地照顧妻子和她肚子裡的寶寶，是一次珍貴的幸福之旅。如果這時候，丈夫出軌，顯然是丟失了自己人生中的重要角色 —— 父親自我的幸福和責任。這份價值感和成就感，他就體會不到，過後又追悔不及。所以，對角色的搭配要懂得與時俱進。

女人也是一樣，如果角色總是一成不變，就很容易造成婚姻危機。有些女人就覺得很委屈，嫁給丈夫沒享過一天的福，當初他家裡多麼窮，他媽媽多麼不待見自己，懷孕時又受了那麼多苦，現在終於熬過了，家裡的經濟條件也有明顯的好轉，兒子也長大成人了，本該好好享享清福了，誰知丈夫卻出軌了。這是誰造成的呢？只是丈夫的錯嗎？其實不盡然，妻子之前那麼累，為什麼不能讓自己的內在小女孩出來呢？讓丈夫幫忙去做一些事情，給他一種被依靠、被需要的感覺，喚醒丈夫的父親自我，丈夫也會很享受的。可是妻子卻一直當媽媽的角色，到最後自己回不來了。等自己想回來了，對方已經被自己寵壞了。奉獻是一種需要，利他也是一種需要，如果總不讓他給予，總讓他接受，就會出問題。這就是有些男人在外面十分樂意工作，在家當大爺卻不開心的原因。

　　所以，一定要懂得角色對應。對於丈夫來說，父親要像個父親的樣子，父親就是要履行承諾；男人要像個男人的樣子，男人就是負責熱情；小男孩要像個小男孩的樣子，小男孩就是負責親密。結合史坦伯格的愛情三角理論來理解，是不是缺一不可？妻子也是一樣，要能夠在三個身分中轉換。

　　那如何進行角色轉換呢？你要能夠觀察到對方的角色。這有點類似於田忌賽馬。你出一等馬，我出下等馬；你出二等馬，我出一等馬；你出下等馬，我出二等馬。這不就贏了？

　　有一個容易失誤的點要注意，有的人轉換角色，就是想要去指揮對方做事情。有的人指揮就能指揮好，有的人就不一定指揮好。有一位丈夫，二十年前，每個月賺兩三萬塊錢，當時這個收入很高了。但如今他就打一些零工，生活很窮困。就是因為他妻子當家，而她的格局太低。他妻子就像「武大郎」，他就像「武松」，讓「武松」跟著「武大郎」工作，那不是廢了？有一句話說得好，另一半直接決定你的命運。以上故事中的妻子真的決定了丈夫的命運，而且她還嫌棄他，什麼都是她指揮的，最後還要指責他，結果耽誤了一個好好的人，非常可惜。在婚姻中，包括男人也是一樣的，如果他的品味比對方低，卻想讓對方像他一樣，對方就不能進步。

　　黃臉婆是誰培養的？就是丈夫，如果給妻子更多的鼓勵，她不就更光鮮嗎？反過來也一樣的，成功的男人是誰鼓勵的？

是妻子。所以，角色轉換真的很重要。妻子扮演小女孩的時候，丈夫就要像個父親一樣去為「女兒」而奮鬥，這樣丈夫一定會成功！有時候，真的是要用一點小手段。

我們有時候想要幫助對方，不如說是幫助自己。因為我們最難放下的是自己。你如果有足夠的安全感，你就不會去控制對方，你管理對方其實就是一種控制。對方按照你的方向去跑，這樣可能是安全的，但是安全也就意味著作為就少了，創新就少了，發展的可能性就小了。

尊重彼此需要，適時變換角色 ⋯⋯⋯⋯⋯⋯⋯

在這四種婚姻親密關係模式裡，沒有哪一種是絕對的好或者不好，要變化，要辯證，要相互搭配。

對方需要你扮演哪個角色了，你就轉換過來，去扮演哪個角色，這就是相配的。如果對方需要你扮演哪個角色，你視而不見，不理他，就可能會出問題。有的人可能從外表看沒有什麼問題，但是他不開心，會壓抑，壓抑也容易生病。當然，也不一定都會有問題，有的人就沒有問題。每個人都有這樣的心理需求，我們滿足了需求就很幸福。沒有說哪一種才是好，有的看起來好，在自己身上不一定就好，還是看自己的追求，以及追求的程度。

關鍵是我們是否了解自己？能不能為對方做一些付出？第一，要能意識到彼此的角色需要；第二，要與時俱進地變化角色；第三，要有能力忍受。如果妻子變成一個小女孩，而丈夫在婚姻裡從來沒有做過父親，一直被妻子照顧，這時候丈夫就得有點奉獻精神了。表面上看，丈夫是為對方犧牲一下，實際上是彌補了自己這方面的不足。相反地，如果丈夫變成一個小男孩，表面上看，是妻子在照顧丈夫，但實際上可能提升了妻子某一方面的人格的能力。一個人小時候的成長歷程決定了他是哪一種人格狀態，當他轉換角色之後，對方若能幫助他獲得了成長，他就修復了原來的問題，他就變得更飽滿了。

所以，有一些女人說不做媽媽覺得好像還沒圓滿。其實，她這三個身分沒做，就沒圓滿。有的人一輩子就是一個小女孩，她的丈夫就從來沒享受過另外兩種角色，她自己也沒享受到。

在兩性關係裡，「六個人，一張床」的四種親密關係模式還有很大的發展空間，是可持續發展的。這也是我們學習成長的關鍵著力點，根據三個角色找到自己的成長著力點，越成長，婚姻越美好。

心理成長小技巧 ·············

到河流邊，或在家附近，撿兩顆小石頭。一顆代表你，一顆代表伴侶。仔細欣賞一下這兩顆小石頭，為它們各取一個名字。然後，想像一下，它們此刻在相互介紹自己，相互告訴對方自己的需求。體會兩顆小石頭的對話，然後寫下心中的感受。

參考文獻 ·············

1. ［美］Jerry M. Burger《人格心理學》(*Introduction to Personality*)。

2. 湯漳平、王朝華譯注《老子》（中華經典名著全本全注全譯叢書）。

第六章
一個人，六張床

「一個人，六張床」，講的是一個人的歷史。

為什麼要講一個人的歷史？因為，人格是在文化背景中形成的，文化決定了一個人獨特的人格。而人格是人一生動力的泉源。文化影響一個人的人生價值觀，影響一個人擁有怎樣的人生信念，影響一個人的性格，影響一個人的認知水準，影響一個人提升認知水準的動力，影響一個人的心理資本，影響一個人在遇到各種事情時會有怎樣的情緒反應，影響一個人擁有怎樣的思想傾向，影響一個人的行為選擇，影響一個人的適應能力，影響一個人的處世風格……而這些，都與個體在婚姻中呈現的狀態息息相關。

經營婚姻家庭，需了解彼此歷史 ⋯⋯⋯⋯⋯⋯⋯

培根（Francis Bacon）說：「讀歷史使人明智。」在婚姻中，兩個家庭產生文化衝突，進行文化融合，都是很重要的根本性問題。你對伴侶的了解程度，包括伴侶的歷史、伴侶從何而來、伴侶發生過什麼……這些都是非常重要的資訊。掌握這些

資訊的程度，影響著你在面對婚姻家庭出現問題時的處理能力，影響著你建立家庭新的文化的能力，影響著你和伴侶的關係可以到達的高度，影響著親子教育的水準。文化的融合、文化的連結，是婚姻中真正深層的關係假設。文化上的牢固締結，意味著對彼此精神世界的深刻認同，可以為夫妻二人帶來深度的幸福感和安全感，維護親密、熱情和承諾這愛情三元素的水準，建立起越相處越幸福的婚姻關係品質。

以前面的故事中的張女士為例，張女士如果一開始就知道她的丈夫 12 歲的時候沒有了父親，他的母親曾經想改嫁，他帶著他的弟弟妹妹跪在母親面前不讓其改嫁的這段歷史，那麼她後來的行為都會不一樣。

在婚姻家庭中，一個人如果想知道如何愛自己的丈夫或者妻子，就要了解對方的歷史，同時，也要了解自己的歷史就要了解一個人的六張「床」。這六張「床」，其實是六個家，分別是：爺爺小時候成長的家，外公小時候成長的家，父親小時候成長的家，母親小時候成長的家，自己小時候成長的家，自己現在的家。

你嫁的不是一個人，是一個家庭 ⋯⋯⋯⋯⋯

林女士是彰化人，曾在新竹的一家大企業擔任客服。當時，林女士剛到新竹，人生地不熟的，一個人漂泊異鄉，十分

可憐。這時，一個男人出現在她的面前，他是林女士的房東。因為年紀相仿，兩人很快就變熟了。男人當時是一個外籍老闆的司機，平時工作時間不長，就非常照顧林女士，噓寒問暖，熱菜熱飯，讓林女士感覺整個冬天都溫暖起來。另外，他們還有相似的成長經歷，男人父母早年離異，他和媽媽相依為命；林女士的父母在她小的時候感情也不好，她也是母親帶大的。兩人很快墜入愛河，並過上了同居生活。

　　幾個月後，林女士發現自己懷孕了，問男人怎麼辦。男人當時沒回應，晚上問了他媽媽後才給她答覆，說要和她盡快結婚。於是，林女士就打電話告訴了自己的父母。父母說：「如果要結婚，兩家人該坐下來商量一下。如果你們沒時間來彰化，我們可以去新竹討論。」誰知男人聽了之後說：「他們過來做什麼？我們要忙婚禮的事，沒時間接待他們，等喝喜酒時再來不就行了？」林女士聽了很不高興，說這樣很不尊重她的父母。兩人為這事大吵了一架，吵到最後林女士說不結婚了，要把孩子拿掉，兩人分手。後來，男人對林女士說，希望再給大家一個機會。林女士淚流滿面，戀愛時的種種美好湧上心頭。兩人抱在一起哭了一場，決定還是如期結婚。

　　婚後不到一個月，丈夫和婆婆就勸林女士把薪水交給丈夫保管。當時，林女士不同意。她在新竹無依無靠，如果手上一分錢都沒有，真的很沒有安全感。他們就輪流對她洗腦。丈夫

說，他比較會持家，錢交給他才能存得下來。婆婆說薪水交給丈夫，他們夫妻就不會為了錢的事傷感情。當時林女士懷著孩子，每天下班都累得要命，實在經不起他們的糾纏，只好把薪水交了出來。從那以後，家裡的一切東西都是丈夫去買，林女士要買瓶乳液，都要向丈夫申請；要出去吃點東西，必須憑發票報銷。

懷孕 9 個月時，林女士開始休產假，媽媽也來到新竹照顧她。由於當時沒有多餘的房間，媽媽只好睡客廳。當時是冬天，天氣特別冷，林女士害怕媽媽只蓋一條被子著涼，就把自己的被子給了媽媽，而丈夫把他的被子給了妻子。結果，第二天，丈夫感冒了。為此，婆婆教訓了林女士無數次，直到林女士大著肚子跪在她面前認錯才結束。到了預產期，林女士的肚子還沒動靜，在醫生建議下她住進醫院。沒想到林女士住院時，媽媽突然糖尿病發作，是婆婆把她送進了醫院。因為家裡沒有人照顧媽媽，林女士只好讓阿姨過來把媽媽接回彰化。從那以後，婆婆和丈夫每天都在數落這件事，說林女士的媽媽來了，不但幫不了忙還惹麻煩，如果不是婆婆，她媽媽早死在新竹了。

孩子 4 個月的時候，林女士要上班，婆婆很不高興，說小孩應該給外婆帶，她幫兒媳帶孩子太辛苦。為此，林女士一下班就盡量帶孩子做家事，可是婆婆和丈夫還是不滿意。

　　丈夫還很專制，在家裡，林女士沒有任何自由。她必須把通訊軟體的密碼給丈夫，讓他隨時查閱。丈夫不准她隨便買東西，不准她回彰化，公司的旅遊也不准她去，稍有不慎就威脅她要把她趕出去。有一次，在通訊軟體上，林女士實在忍不住向一個中學同學訴了幾句苦，結果被丈夫看到，認為林女士損害了他的尊嚴，要和她離婚。林女士說離婚也行，她在附近租個房子，下了班一樣可以照顧女兒。可是婆婆說：「你在新竹拿高薪資，我幫妳帶孩子。離了婚，妳也休想在新竹混下去。」他們逼她辭職。婆婆抱著女兒到林女士的公司去鬧。實在沒辦法，林女士只好辭掉了工作。丈夫說女兒撫養權歸他，因為他們家的收入比較高。但他媽媽不能再幫著帶女兒，讓林女士帶女兒回彰化，林女士也同意了。之後兩人簽了離婚協議，說好林女士上車時，前夫把女兒送過來，但第二天他們一直沒來車站。

　　回到彰化後，林女士就找了份工作，希望有了固定收入時把女兒接過來，可是前夫不同意。他說為了女兒，讓林女士回新竹和他重新開始，但條件是她不能工作，在家專職把女兒帶到 3 歲。林女士心裡很矛盾，回到那個家就意味著要重蹈以前的覆轍，可她又不想離開女兒，她不知道該如何選擇。

　　「一張床，六個人」，主要講的是原生家庭參與新家庭的管理和建立，父母就是顧問，而丈夫和妻子是股東，小孩是產

品，它是一個無限責任公司。所以，很多婚姻家庭的問題，在治療的時候，第一步工作就是切斷原生家庭的父母對子女家庭的干涉。顧問是要愛這個新家庭，而不是去指導這個新家庭。那麼，這位新竹的婆婆不是在幫助建立新家庭，而是直接接管了兒子的新家庭，她顯然是在垂簾聽政。

你嫁的不是一個人，而是一個家庭。如果一開始就從這個角度去考慮的話，那麼林女士可能就不會這麼敷衍輕視。如果不考慮這個問題，是會吃虧的。林女士就吃了大虧。一個幼小的女兒留在前夫那裡了，身為母親該怎麼辦？很多時候，人一旦留下一個未完成的事件，就很難再幸福了。所以，無論結婚也好，離婚也好，無論你做哪一種選擇，一定要把事情處理好，不能弄得自己一輩子不開心。

所以，好的開始是成功的一半。一開始，她就不應該猶豫；一開始沒有想清楚，沒有下定決心，就不要去做。林女士婆家的人本來就精打細算，，而且非常不尊重林女士，也非常不尊重林女士的父母和她家鄉的結婚習俗。林女士不了解對方的價值觀，一開始發現他們不尊重自己的父母，內心有衝突的時候，又盲目地做了選擇，這個苦頭就吃定了。這是一個不好解的死結。

相處，需了解自己和對方的歷史 ·················

　　所以，我們一定要知道自己是從哪裡來的。親愛的讀者，你還能想到自己一直以來成長的家庭有什麼特點，能講出家庭的歷史故事嗎？你可能沒有見過，但你一定是聽過的。你得當一個了解自己家庭歷史文化的人，你得去看看你爺爺小時候生活在哪裡。他如果在的話，你就去拜訪他。如果他不在了，就去祭拜他的墳，這個是很重要的。爺爺小時候的家是怎樣的，父親小時候的家又是怎樣的，都要去看看。現在很多年輕人，尤其是很多女孩子，跟自己的父親關係不好，其實她們不了解自己的父親，如果她們真的去了解自己的父親是怎麼成長的，這個問題馬上就能解決一半。

　　今天的人們都向前看了，而不往後看家庭的歷史。都向前看，就只關心小孩，而家族歷史上有哪些人，這些人是怎樣的人，經歷過哪些故事，有什麼樣的人生價值觀，有什麼樣的人生信念，平時都是怎樣生活的，做過哪些值得驕傲的事，有過怎樣的人生教訓……我們一概不關心。這也是我們需要成長的地方，學會樹立起家庭歷史文化觀。當我們有了這樣的思維，才可能在面臨婚戀的選擇時，不會那麼盲目和衝動，才會有意識地建立新家庭的文化，對雙方的家庭文化進行理解和融合。

　　我們要去主動了解自己和伴侶的歷史，這樣就可以對孩子們講長輩們的故事。如果現在不講，以後也不講，我們的孩子

就不懂自己的家族文化。就像一個果子不知道自己是在哪棵樹上長出來的一樣，就像浪花不知道自己屬於哪片大海一樣，造成的迷惘，會讓心靈漸漸變得缺少養分，漸漸變得找不到家的方向。孩子在人生到了一定的階段時，會因此而感到遺憾，會有一種尋不到根的痛和恨。了解家族文化，其實對每個人來說都是一種心理需求。

如果每個家庭的每一輩人都有幾個故事可以講，我們的孩子就能把這種家庭文化傳下來。有些人會有意識地建立家庭紀錄，這個做法很值得借鑑。只要你願意聽，老一輩都很願意說。你只要聽他們說一次，你就是他們家的人了，感情會變得更好的。有的人會覺得長輩講以前的事顯得很囉唆，那是因為他們沒有去關心家庭的歷史文化，等意識到了，就會很願意聽他們講。

家庭文化中的正向心理動力 ………………

人是文化的產物。當我們了解了對方的家庭以後，有些事情就變得很容易了。比如林女士，如果她下定決心，既然已經嫁了這個人，就在新竹完全地把自己交給他們家，結果也不會壞到哪裡去。實際上，她也並沒有認同她丈夫家庭的任何方面。這個故事和之前張女士家庭裡兒子酒後砸父親腦袋的故事，有異曲同工的地方。為什麼我們不認同對方的家庭？這是

因為我們連自己的祖先、自己的原生家族，都沒有意願去了解。

　　這個了解的過程，是在豐富自己的文化的。我們努力學心理學，學各式各樣的方法和技術，都不如去探尋我們家庭的心理文化。心理是文化的產物，如果我們了解了自己是怎麼來的，家族有怎樣的文化動力，自己今天為什麼是這樣的性格，我們自然就能夠去了解自己的伴侶為什麼是這樣的性格，在了解伴侶的來歷的時候，就更加明確了。有的人可能在原生家庭的生活中，有過艱難，有過一些經歷，有過獨特的一些感受。他今天的行為，就是根據他過往的感受而產生的。

　　其實，人有時候回憶一下過去真的是有好處的。尤其是教育我們的孩子，讓他了解自己的歷史，特別有好處，這是真正的教育。家族能夠傳承到今天，一定有很多動人的故事，一定有很多值得傳承的價值觀、信念、積極的品格等。在家庭教育中，對孩子多講一講我們的祖先和他們的故事，這是對家族文化進行傳承的重要過程。當我們了解自己家庭的歷史文化，從骨子裡把它們當成營養來滋養自己時，我們就會覺得很有幹勁，家庭文化賦予我們積極的心理動力。每個人在家庭歷史文化中，都可以找到積極因素，有的是特別的經歷，有的是性格，有的是信念，有的是人生價值觀，有的是意志品格，有的是美德……

夫妻諮商三要點 ·····················

　　我們再來看故事中林女士的矛盾心理。如果她來做心理諮商，我們就要詳細去了解情況。也許了解之後，我們會發現事情並不完全是這麼回事。

　　比如，林女士下跪，不一定是婆婆要求她做的，是她在那種壓力和環境下受不了，乾脆隊婆婆下跪，就把這個事情化解了。婆婆是不是真的逼她一定要把薪水交出來？也許婆婆雖然說過讓她把薪水交給丈夫，但也沒有如此逼迫，只是她為了討好，就把薪水交出去了。如果她是一個人格上不健全的人，心理上不健康的人，她害怕別人對她不好，她就要想辦法討別人喜歡，但又不是心甘情願這樣做的，過後她就把這一切都歸咎於對方。所以，我們就要看當事人到底是怎麼回事。

　　夫妻諮商最麻煩的就是公說公有理、婆說婆有理。這就需要透過現象看本質。不能因為其中一個人說了什麼，就馬上去判斷其配偶是怎樣的人，不可以這樣進行判斷。當事人生活在一起，他們每個人的感受都會不一樣，要對每位當事人都要進行訪談。

　　所以，夫妻諮商時，要看三個面向：一是雙方心理感受，二是雙方人格是否健全，三是雙方背後的文化。從這些角度深入才能解決問題。

小結 ●●●●●●●●●●●●●●●●●●●●●●●●●●●●●●●●●●●

　　「一張床，六個人」、「六個人，一張床」、「一個人，六張床」這三篇床系列，是一以貫之的。新家庭的建設，父母長輩不要去干涉太多，要切斷管制。那麼，在新家庭的經營中，夫妻兩個人的自我角色要相互搭配，要相互地去變化，做到與時俱進。在經營中，要走進一個家庭，就要去了解對方的家庭文化。既要了解自己從哪裡來，也要了解自己的另一半從哪裡來。一旦確定了要進入這種文化系統，就要入境隨俗。

　　我們也要主動培養下一代的文化適應能力。如果能夠讓我們的孩子多聽一些家庭文化的故事，他們的文化適應能力就會變強，他們就會知道自己原來是這樣來的。

心理成長小技巧 ●●●●●●●●●●●●●●●●●●●●●●●●●

　　準備 6 張空白 A4 紙，一盒蠟筆或彩色筆。

　　在一個安靜的空間裡，放鬆心情。然後，依次畫出六幅畫。第一幅是「我爺爺小時候成長的家」，第二幅是「我外公小時候成長的家」，第三幅是「我爸爸小時候成長的家」，第四幅是「我媽媽小時候成長的家」，第五幅是「我小時候成長的家」，第六幅是「我現在的家」。如果你現在還沒有成家，就畫一幅你想

像中的未來的家。

　　畫完之後，思考一下，這六個家對你今天的人生價值觀，對你的性格形成，對你的認知水準，對你的處世風格，對你的思考方式，對你的行為選擇，對你的戀愛或者婚姻有哪些啟發。

　　你也可以邀請伴侶和你一起畫。你畫你的六個家，他畫他的六個家。畫完之後，互相介紹一下自己畫的六個家的故事，聊一聊，這些對你們的人生有哪些啟發。

參考文獻

1.　[美]蘭迪・拉森（Randy Larsen）、戴維・巴斯（David Buss）《文化與人格》（*Personality Psychology*）。

2.　[美]Jerry M. Burger《人格心理學》（*Introduction to Personality*）（第八版）。

3.　韋志中、余曉潔《畫心：繪畫心理治療師的心靈透視課》。

第七章
離婚需要心理資本

不是每一段婚姻，都能夠一輩子走下去。當我們走出婚姻，我們依然可以看見人生孕育著希望，窗外依然有藍天。

主動離婚和被動離婚 ·····························

隨著社會的發展和進步，人們對離婚這件事也看開了。有的人會主動選擇離婚，兩個人都已經想得非常清楚，打算好聚好散，還會相互祝福對方，之後像親人一樣相處，還可以坐在一起聊聊天。

以往，有些父母不能接受子女離婚，就像前面的章節故事中的張女士想離婚，她告訴父母自己的想法，父母馬上就跟她說：

「我一直以為妳是我的驕傲，現在妳竟然要離婚。」這種情況如今也漸漸開始改變。因為老人的態度、小孩的態度、自己的羞恥心或者對未來的恐懼而強撐著不離婚的人也在慢慢減少，他們不再把表演一個幸福和諧的婚姻視為獻給老人的孝

心，或是視為對孩子的愛，而是做一個真誠面對婚姻的人，給自己的人生一個重新選擇的機會。雖然這樣一時會讓老人和孩子有所不解，但是他們會透過自己成熟的方式再次讓老人和孩子感受到安全感，獲得老人和孩子的理解和支持。

　　但絕大部分人離婚，都是被動走出婚姻。被動離婚的人們，有一種情況是對現有婚姻感到失望，在婚姻中被尊重、被理解的需求沒有被滿足，對另一半感到無能為力。這種情況很像憂鬱症的發展。首先，是在生活中產生無力感，說小孩，小孩不聽；說丈夫，丈夫不聽；回娘家跟父母說，父母還把自己教訓一頓。雖然產生了無力感，但是還會嘆嘆氣，還願意吵吵架。再往後，就開始倦怠，懶得說話，不願與人溝通，連嘆氣都不嘆了。倦怠感之後，就是習得性無助感。習得性無助感是指，認為自己無論怎麼努力，都不能改變現實。表現在婚姻裡，就是認為自己根本沒有力量去改變現實，對婚姻開始失去信心，對自己開始失去自信。習得性無助之後就漸漸發展出憂鬱的情緒狀態，再升一級就是憂鬱症。當婚姻發展到這個階段，個體就會對婚姻徹底失望，開始打算徹底放棄這段婚姻。其實，針對這種情況，是可以透過心理輔導來改善的。心理輔導可以幫助夫妻改變對婚姻中一些事件的心理感受，讓當事人重新獲得信心，找回在家裡的主動權，再次體會到對生活的掌控感，並且可以透過一些具體的方法，重建幸福的夫妻關係。

被動選擇離婚，還有一種情況是和對方實在走不下去了，實在是超越生命能夠承受的極限了，例如對方對自己家暴，對方是邊緣型人格障礙，對方有不良嗜好，比如吸毒、賭博……在這種情況下，走出婚姻，是對人生、對孩子更負責任的選擇。

近年來，人們離婚的三個最主要的原因，分別是溝通問題、婚內出軌、長期分居。婚姻的亞健康狀態，包含一系列問題，如適應問題、文化問題、危機問題、親子問題、婆媳問題、適合度問題、性的問題等。

在新時代，人們普遍存在日益增長的對幸福美好的生活的需求，與實際經營婚姻的能力不足、不適合的矛盾，這是一個顯著的問題。因此，在離婚率高漲的背後，我們也要看到，離婚不一定能解決問題，因為真正的問題在於人的心理能力。我們要去學習成長，成為擁有幸福婚姻經營能力的人。即便已經離婚，在將來再次走進婚姻時，才能真正有能力獲得幸福。

一位準備離婚的女子的自述

接下來，透過一位準備離婚的女子的自述，我們來看看她為什麼要離婚。

我高中畢業那年，父母正在鬧離婚，每天都吵鬧不停，為了逃避，我就常常到外面去玩，在那裡我認識了比我小兩歲的

他，很快便戀愛同居。那時的我感覺愛情像我的避難所一樣，讓我不用面對家中的尷尬。可是，我沒想到，相處兩年後，我發現男朋友在家裡吸毒，勸阻無效，我提出分手。三年後，他父母帶著他來求我復合，他父親還保證會幫他戒掉毒癮，於是我原諒了他，與他重修舊好。

後來，我們結婚了。婚後不久，我發現丈夫又開始吸毒，我把這事告訴了公公，公公把他關在家裡強制戒毒。兒子出生後，全家人都很高興，因為是長子嫡孫，丈夫一家都很疼愛兒子。一次，因為娘家發生了一些事情，我心情不好，拒絕和丈夫發生性關係，誰知從那以後，他開始不怎麼回家。不但在外面花天酒地，還玩女人，甚至還包養了一個小女生，對方連孩子都有了，還是婆婆給錢讓對方把孩子拿掉了。

當時我就想離婚，還帶著兒子回了娘家。因為丈夫不同意，我就起訴到法院。有一天丈夫趁我不在，到娘家把兒子帶走了。這件事對我打擊很大。兒子還小，不能離開母親。但律師對我說，因為我沒有工作，兒子判給我的可能性不大。我一想到要離開兒子，就痛不欲生，只好去法院撤訴。之後，我住在娘家，經常回婆家探望兒子。這段時間丈夫也下決心戒了毒。為了兒子，我原諒了他，搬回家了。

我回家後，丈夫有兩年沒再吸毒，但也不怎麼回家，有時候就在外面打牌賭博，經常徹夜不歸。後來，他迷上了地下樂

透，越賭越大。有一次居然輸了二十幾萬。沒辦法，我只好動用了承包的分廠裡的錢幫他還債。前前後後共還了四十幾萬。正在此時，他弟弟私拿了工廠裡的貸款，還把工廠也私吞了。丈夫是一個很重兄弟情的人，看到弟弟這樣對他，他心情沉重，不久又開始吸毒。為了幫他戒毒，我帶他去醫院，花了上萬塊為他進行戒毒療程

2008 年，受金融風暴影響，工廠經營很困難，我們經常為錢的事吵架。因為心煩，他又開始吸毒。我以為他已經完成療程應該不會再吸。後來去問醫生，才發現當初的療程只能戒海洛因，而丈夫這次吸的是 K 粉！當時我絕望透頂，一切的噩夢又再次重演！公公一次次把他關在總廠強行勒戒，而他又一次次復吸。沒有錢他就亂開信用卡，還去地下錢莊借。實在沒辦法，我跟他說我撐不住了，趁現在還沒有賣房賣車，還是離婚吧。現在離婚，起碼我和兒子還有一條退路。他一味地懺悔，讓我給他機會。我對他實在沒有信心，堅持和他分居。我帶著兒子在家裡住，由於要強制勒戒，他和家人住在總廠。

有一天，丈夫回到家中，我們吵了幾句。他忽然把我推進房門，用手掐我的脖子，我大聲呼叫救命！兒子在外面拚命拍門，他也不開。兒子就打電話給公公，不久公公開車回來，聽到車聲他才鬆了手。這事對兒子影響很大，兒子後來說不想活了，想自殺！我聽了心如刀割，兒子正值青春期，我怕我們的

爭執會影響兒子的心理狀態，就一直忍耐著不敢再提離婚。

　　從那時到現在，我們一直分居。這段時間，他又開始回家監視我，在我的電腦裡裝監控程式，偷看我的聊天記錄。有一次，我去外地旅遊，我有個女同學在那邊，她因臨時出差，就讓她公司的一位員工來接待我。誰知，那天我剛進旅館沒多久，就聽到外面有人踢門。原來，是丈夫跟蹤而來，非說我是來私會情人的。他還說要去把人家殺了，要報復等等。我覺得他現在完全是心理變態，實在不能和他再一起生活下去了，於是堅決要求離婚。

　　因為原生家庭的父母鬧離婚，在高中的時候，故事中的女主角就認識了這個男朋友。從那時開始，她被動的人生就開始了。她每走一步，都不是自己主動安排的。也許，今天她認為離婚就是她的主動選擇。如果是這樣的話，那麼離婚對她來講就是有意義的，就不再是逃避了，而是一種主動的選擇。

　　從他們的婚姻現狀來看，繼續下去，人生不會好到哪裡去了。吸毒的人戒掉毒癮很難，賠上自己的幸福，也賠上了孩子的幸福。孩子萌生自殺的念頭，代表他們婚姻的「壞果」已經結出來了。如果她從婚姻裡走出來，無論是自己單身還是再婚，未來還是可能會有更好的生活。如果她可以真正地走出來，徹底擺脫丈夫的話，她把日子過好了，她的孩子就還有希望。她的孩子即使將來不跟她在一起生活，孩子的身心還是朝向健康發展的。

很多時候，人們會覺得好死不如賴活著。真的是這樣嗎？並不然！如果從幸福的角度來講，肯定是「好死」要比「賴活」著強。在婚姻中，兩個人好好地分開，或者是切斷一個不良的環境和關係，讓人生重新開始，這肯定是一個積極的選擇。

離婚需要心理資本

我之前在做輔導的時候，有一位男士，他是邊緣型人格障礙，對妻子家暴。後來，妻子跟他離婚了，他又回來糾纏。妻子是那種受虐型人格的人，一般創傷型家庭出來的小孩都有受虐人格特質。

他們來找我諮商，問我要不要復婚，我就直接跟這位男士說：「你沒有結婚的資格。」就從一位心理諮商師的角度來看，這樣的人結一次婚就害一群人。有些人是不能有婚姻的，他會把整個家庭都給毀掉！所以，要放棄他，保全妻子和孩子的人生，這樣他們還有希望。妻子只是他在人生旅途中遇到的一個人而已，不是陪他來過生活的，不能賠上自己，更不能賠上孩子。

有人會說，心理輔導是客觀中立的，要讓來訪者自己選擇。這是對的，但同時也要看情況而定。比如這位遭到家暴的女性，遇到這樣的丈夫，不離婚怎麼行？有些人在人格上有創

傷，心理上有缺陷，伴侶給予理解、接納和包容，漸漸讓他們恢復了心理健康，這是可以的。但是故事中的這位丈夫，性質是不一樣的。他因為吸毒，已經產生了很嚴重的幻覺，他會很輕易去殺人，去殺任何他認為和妻子有親密關係的人，甚至是妻子本人。因此，妻子必須強制性地離開。

　　然而，故事中這位女子，她雖然下定決心要離婚了，但她目前的心理資本夠不夠？為什麼她一次次地選擇了被動，一次次地動搖？但凡她有心理能力，當初就不會跟他繼續下去。發現男友吸毒，分手三年，後來又跟他和好並且結婚了。她第一次想離婚的時候，律師說把孩子判給她的希望不大，那是騙她的。因為如果她證明丈夫吸毒的話，丈夫絕對拿不到孩子的撫養權。顯然，她沒有努力去爭取。後來，丈夫買地下樂透，她又幫他還了賭債四十幾萬，這個時候她又很想離婚，可是孩子被丈夫偷回去，她就又妥協了。那個時候就已經擺明她走不了，她就沒有離婚的決心。

　　離婚，就好像出家一樣，不是人人都出得了的。很多人明明知道離了婚會有幸福，但真的離得了嗎？這就是離婚的心理資本不夠，在真正面對離婚時，就會找理由退縮。因為她根本沒有能力走出現有的生活環境，她已經習慣了，她會去找沒有辦法離婚的理由來說服自己，因此她走不了。那麼，如果我們替她輔導的話，就要幫她建立離婚的心理資本。

離婚的心理資本包含自信、希望、樂觀、韌性四個要素。

自信的人，離婚之後，依然有信心把人生過好，依然信任自己生存和發展的能力。內心充滿希望的人，在離婚之後，依然相信自己還有機會遇見更好的伴侶，能夠懷揣著美好的夢想繼續前行。樂觀的人，可以看到離婚這件事情積極的一面，以積極的心態走出婚姻，並且在走出之後，以積極的語言、積極的行動步入新的生活。有韌性的人，即便在生活中面臨一些困難，也能夠以堅強的意志面對問題、度過難關。

如果你真的是在婚姻中努力了一、二十年也過不好，比如每天在外面很光鮮，回家後就傷痕累累。我想勸勸這樣的朋友趕快離開，走上一條人生的光明之路。

離婚需要謹慎

然而，不是每個人都有離婚的資格。有的人離了之後，不一定能好過。有的夫妻離婚後，沒法給孩子一個好的安排。什麼是好的安排？就是儘管夫妻兩個人離婚了，無論有沒有撫養權，都依然是孩子的父母，都還要給予孩子及時並且持續的關心和照顧，保護孩子的身體和心靈，保證孩子健康成長，順利完成學業。在孩子長大成人之後，還是會和孩子經常聯絡，交流感情，彼此關懷。

離婚是僅次於親人死亡的創傷事件。在離婚的過程中，很多人都是處於一個應激的狀態，很少有人可以平靜、友好地分手。雙方在應激狀態下，就會產生很多不好的感受。有些人心理資本不夠，就會出現一些不當的言行，讓矛盾激化，甚至有的夫妻變成仇人，並且把仇恨情緒轉化為報復。例如，有的人就是不想讓對方見到孩子；有的人就是不付孩子的撫養費，讓對方難堪。有的夫妻，其中一方甚至雙方都打算在離婚後不再管孩子，把責任撇清，孩子就會受到嚴重的心理創傷，甚至連學業都無法完成，甚至病傷都無人問津。如果不能妥善安排好孩子，就沒有離婚的資格。

　　離婚之後，要怎樣走出來？這是非常值得認真對待的。關於自己，關於曾經的伴侶，關於孩子，關於長輩，關於財產，甚至關於事業……這是一個困難且繁雜的工作，也會有很多的心路歷程。但無論如何，都需要不斷地突破自我，適應新的、獨立的生活，需要丟掉很多在婚姻裡養成的習慣，重新成為一個可以對人生負責任的人，成為一個可以和曾經的伴侶一起輪流照顧孩子、友好合作的人。

心理成長小技巧 ………………………………………

　　在一個安靜的環境裡，靜下心來，在一張 A4 紙上，畫一個大的長方形，盡量占滿整張紙。然後，把這個長方形分成一幅

九宮格。

接下來，按照如圖順序，在這九個格子裡，分別畫出自己在成長過程中，透過自己的努力戰勝困難的故事。

1	2	3
8	9	4
7	6	5

畫完之後，在每個格子裡，寫下這個故事展現出自己擁有哪一項正向心理優勢。你可以參考正向心理學提出的 24 項正向心理優勢。

智慧和知識：創造力、好奇心、開放思想、熱愛學習、有視野（洞察力）。

勇氣：真誠、勇敢、堅持、熱情。仁慈與愛：友善、愛、社會智慧。

正義：公平、領導力、團隊精神。

修養與節制：寬容、謙虛、謹慎、自律。

心靈的超越：審美、感恩、希望、幽默、信仰。

寫好之後，體會自己內心的感受，在這張紙的背面，寫一段話送給自己。

參考文獻 ··

1. 韋志中《團體心理學：本會團體心理諮商模式理論與實踐》。

2. ［美］羅蘭·米勒（Rowland S. Miller）、丹尼爾·珀爾曼（Daniel Perlman）《親密關係》（*Intimate Relationship*）。

3. ［愛爾蘭］Alan Carr《積極心理學》（*Positive Psychology*）。

第八章
愛和被愛的能力

我們身為人，身上最為珍貴的能源是什麼？就是愛。

正向心理學認為，愛的能力對人類的生存至關重要。愛是人類高尚的情感，是我們精神世界的陽光、空氣和水，也是一種珍貴的心理能力。愛的能力強大的人，會更懂得看見、傾聽、尊重、理解、接納、支持的意義，既懂得愛別人，也懂得愛自己，生存能力會更強。他們在生活和工作中，會更傾向於去發現和理解人們的需求，而能夠做出富有創造力的行為，或是做出一些很有意義的行動，因而可以活得精彩。不僅自己精彩，也能夠為別人帶來精彩。

與之相對的還有另一種能力，叫做「被愛的能力」。願意接受來自別人的關愛和幫助，這也是一種心理能力。有被愛的能力的人，允許別人對自己好，快樂地接受來自任何人的善意，快樂地接受別人提供的資源。既能夠讓給予他們愛的人感受到快樂和滿足，也能夠匯聚各種資源，把生活和工作經營得豐富多彩，就像豐收的莊園，創造出鮮花朵朵，創造出果實纍纍。

哈佛大學精神病學家喬治・伊曼・範蘭（George E. Vaillant）

發現，被人愛的能力很關鍵。正向心理學家賽里格曼（Martin E. P. Seligman）認為，被人愛的能力是創造積極人際關係的必要條件，是抵達幸福的途徑之一。

心理技術「我需要你」 ⋯⋯⋯⋯⋯⋯⋯⋯⋯⋯⋯⋯⋯

「我需要你」，就是一個培養愛和被愛的能力的心理技能。

我會在上心理諮商師成長課的時候，採用這樣一個技巧。現場選一半的人扮演求助者，一半的人扮演幫助者。扮演求助者的這部分人圍成一個圓圈，面朝外坐下來，形成一個「內圈」。幫助者則圍著他們形成一個「外圈」。求助者們每個人閉上眼睛或是蒙上眼罩，向外圈的人求助，練習被愛的能力。為什麼要蒙上眼睛？因為被愛的能力中有一項重要的元素是「沒有分別心」，誰幫助你，你都可以接受，不能挑剔。你要接受所有人的幫助，並且想到自己的問題時可以大聲求助，就大聲地喊出來。當我說「開始」，求助者們就開始大聲地說自己需要求助的問題，例如：「我想發財」、「我想和先生更幸福」、「我想跟我的小孩好好溝通」……就這樣大聲地喊。

我們再來看練習「愛的能力」的人，他們扮演幫助者，就站在外圈，按照順時針的方向走起來，全程都不允許坐下，整個過程就是一邊走一邊聽。當內圈的求助者大聲喊，外圈的人就

會聽到這些問題，當他感覺自己可以幫助到這位求助者，或是願意幫他，就過去到求助者面前蹲下來，跟他打個招呼，握一下手，說：「我想跟你探討一下這個問題，我來幫助你！」然後他們就開始探討。

當我喊「開始」，內圈的人就在我的鼓勵下，大聲地喊。求助者只要大喊三聲自己的問題，基本上眼淚就會流出來。每個人都是這樣的。有的人一喊出自己的問題，就有人到他面前去幫助他，耐心地傾聽他。他就會體會到自己可以安心地向別人訴說自己的問題的感覺。

外圈的人，也有的人一開始覺得自己能夠去愛別人，就扮演幫助者，結果發現其實不是那麼回事。有的人去幫助別人，但是他不聽人家訴說，自己說了一大堆。還有的人不知所措，不知道要去幫誰。還有一些人在轉圈圈，聽到這個也幫不了，聽到那個也幫不了，很著急。反正各式各樣的都有，對人的心理是一場很大的考驗。這時內圈的人，一邊喊一邊流眼淚。等過了十幾分鐘，我看差不多了，就請大家全部停下來，不要再走動，也不要再說話。這個時候，我就放一首溫暖的歌曲。音樂一響起，大家一聽，就一下子全都湧起暖暖的感覺。

透過這個練習愛和被愛的能力的技術體驗，每個人都會有自己的感受，有自己的成長。

經營婚姻愛情，需要愛和被愛的能力 ………

　　在婚姻愛情裡面，愛和被愛的能力就像空氣一樣不可或缺。有的人愛的能力不夠，對另一半的理解、關心和支持少，很少回應甚至不回應對方的需要。家裡的氣氛用不了多久就會變成冬天一樣的寒冷。婚姻裡沒有了溫暖，也就沒有了快樂。相處下去的動力也很快會降為零。就算勉強在一起生活下去，孩子在家裡感受不到快樂的氛圍，就會出現很多問題。有些孩子開始生一些奇怪的病，吸引父母的共同關注，只有這時候才能看到爸爸媽媽是一條心的。有的孩子會開始依賴網路，迷戀遊戲，在這些虛擬世界中尋找一些快樂的感覺。

　　有的人被愛的能力不夠，為家裡忙前忙後，操碎了心，累極了還會抱怨對方。看起來毫無破綻，都是對方的錯，都是對方不管家裡。總以為對方可以看見自己需要幫助，總以為對方做家裡的事是理所當然，當對方沒有看見、沒有做到時，就會心生怨氣。其實，這樣的人需要提升的是被愛的能力。當你有了被愛的能力，你就會真誠地信任伴侶，會向伴侶求助，或者站在一個平等的位置上要求伴侶為你、為家做一些付出。在這裡，真誠和信任是非常關鍵的態度。人本主義心理學家卡爾・羅傑斯（Carl Rogers）指出，我們在生活中，向別人傳達出真誠和信任的態度，對方就會樂意不斷向內探索自己，發揮出自己的潛能。我們在和伴侶相處時也是一樣，當我們真誠地信任伴

侶，伴侶就會願意去思考自己對家庭的責任感，並且付諸行動。

當伴侶從你充滿信任的表達中，體會到自己對你、對這個家負有責任，行為就會積極起來。他能夠感受到你的信任，然後也會更願意聽你表達的內容。當他體會到「給予」的快樂，他在為你、為家付出的時候，也會很投入。如果愛人體會到的是抱怨和指責，他就算有心做些什麼，也會被澆滅熱情。

被愛的能力，不僅包括理解自己的困境，願意接受別人的幫助，也包括反向的，就是能夠理解別人的困境。如果伴侶一時沒有行動，我們就要關心一下伴侶是不是也遇到了一些困難，是不是也需要被我們關注、理解和幫助？就像愛的能力，既包括愛別人的能力，也包括愛自己的能力；同樣地，被愛的能力，既包括允許別人來愛自己，也包括允許別人是被愛的。被愛的能力與愛的能力是可以相互轉化的。如果愛的能力不夠，就會限制被愛的能力。被愛的能力不夠，也會限制愛的能力。

一位被糾纏的女孩 ·······················

有一個名叫小眉的女孩，幾年前，她在一家大超市上班。有一天，超市裡新來了一位員工小雨。大家發現小雨每天上班時，人雖然在這裡，心卻不知飛到哪裡去了。就算是瓶罐在

她面前倒了，她都不肯扶一下。更嚴重的是，每次輪到她收銀的時候就會出差錯。超市的員工是要輪流做收銀的，一旦出了錯，所有人都下不了班，要幫忙查，弄得大家都對她很不耐煩。

一次，小雨又找錯錢了。小眉實在忍不住對她說：「希望妳帶個腦子來上班，妳這樣一直出錯，妳媽媽辛苦賺的那點錢都不夠妳賠！」沒想到，她說了這話之後，小雨突然對她異常親近起來。每天一見面，小雨就姐姐長姐姐短地纏著小眉，有事沒事都找她聊天。她說小眉可以幫她轉運，自從上次被小眉罵了之後，她就再也沒有出過錯了。小眉對她說：「妳做的時間久了，熟練一些，自然就不會再出錯了。」可是小雨堅持說小眉可以為她帶來好運，一天到晚跟著她。一次，無意中，小眉在小雨面前抱怨工作很辛苦，很想再找個好一點的工作。沒想到，小雨馬上把這話告訴了經理，小眉只好提前辭職了。後來沒多久，小雨也離開了。

小雨開始每天打電話給小眉，深更半夜也打她租屋處的電話。小眉不堪其擾。電話裡，小雨總是跟她說一些奇奇怪怪的事。比如說，她要去面試，問小眉怎麼樣準備，該說什麼話。小眉覺得這些都還好，都盡量告訴她。後來，小雨又跟她說她前男友的事，說她前男友現在有個同居的女朋友，可是有一天在街上遇見他，他還對著她眨眼，她問小眉這男人是不是還對她有意思。聽說他女朋友懷孕了，小雨就想讓小眉陪她去跟蹤

前男友，找到他的住處，她想看看人家的女朋友是不是真的懷孕了。

到這時，小眉就覺得小雨有些不對勁，所以不肯陪她去。小雨就一遍遍地打小眉的電話，又說她的一個男同事對她有意思，後來又說她有個從澳洲回來的男朋友等等。沒過多久，小眉就發現她說的事全都是子虛烏有。一天深夜，小雨忽然打電話說她失戀了，想自殺。小眉嚇得不知怎麼辦好，勸了她一陣子，後來她又沒自殺。

小眉很想避開小雨，覺得自己真的被她糾纏怕了。小眉多次告訴小雨，不要再打她家的電話，她盡量接手機。後來有一天，小眉鼓足勇氣對小雨說：「以後不要再打電話給我，就當沒有認識我這個人，因為我沒有什麼能幫得了妳。」從那以後，雖然小雨沒有再打電話給小眉，但手機上卻不斷出現一個莫名的騷擾電話，經常一下子打十幾次，但是小眉接聽時對方卻不出聲。她猜可能是小雨。後來，這個號碼又不斷傳訊息給小眉，弄得她又怕又煩，最後沒辦法，只好報警。

後來，她們中斷連繫兩年了，小眉還是不敢路過小雨的租屋處，依然害怕小雨會來跟蹤她。她希望再也不要遇到像小雨這樣的人了。

小眉和小雨有其相似的地方。每個人都有一個心理空間，裡面有情緒、認知、價值觀等。如果負面的情緒過多，這個

人就會出現紊亂。消極的情緒會影響著一個人的外部行為。反過來，如果一個人外部的關係一塌糊塗，內部的心理空間也會受到影響。要改善小眉和小雨帶有負面情緒的消極認知，需要外部給予接納和關愛，而不是指責和打擊。社會環境，尤其是身邊的人給予更多的愛和接納，才能夠幫助到她們。另一個途徑，是尋找專業協助。小眉現在需要去看心理諮商師，因為只有自身調整好了，才能夠快樂，才能夠提升自己解決人際關係問題的能力。

　　這個故事，實際上講述的是人與人之間在相處過程中展現出來的愛和被愛的能力。我們從愛和被愛的能力角度來看，其實人際關係也能夠展現出親密關係的部分。她們兩個人共同的問題，就是愛和被愛的能力都不夠。

人與人相處要有邊界

　　故事中的小雨屬於一種叫做自虐型的人，這種人會戴著「面具」出現，會採取一些方法吸引你的關注，如果你上當了，你就會跟他糾纏不清。他要找的就是糾纏般的感覺，而不是要和你友好地做朋友。如果你不是這樣的人，你就得自動跟他中斷連繫。面對這種情況，中斷連繫，採用「冷處理」的方式就可以了。他打無數遍電話，你都沒有任何回應，在手機上把他的號

碼加入黑名單就可以了。家裡的電話只要接通，他說一句，你就直接把電話掛掉。他在你這裡找不到那種糾纏般的感覺，滿足不了他的需要，他慢慢地就不會再來騷擾你了。

小眉眼中的小雨，有各種不好，甚至很笨，而小眉竟然還被她糾纏了，竟然還會在小雨不再糾纏她的兩年之後，還在為這件事情感到焦慮。

我們要注意到，小眉在和小雨相處的過程中，沒有設定任何的邊界。邊界是人和人之間自我人格的界限，要尊重彼此的獨立人格，不要去越界替別人做別人自己去做的事情。即使要做一個真誠、善良、樂於助人的人，也不代表就要去不顧人與人之間的邊界，去替別人感受、思考、判斷、做決定、做事情，那其實是在侵犯別人，也是在侵犯自己。

設定邊界，有助提升愛的能力 ⋯⋯⋯⋯⋯⋯⋯

像小雨這樣的人向你傾訴時，確實沒有界限，會亂闖你所有的「禁地」。對於這樣的人，不是不可以幫，但如果真的要幫，我們要明白一個事實，這些人往往在成長過程中，和自己的父母之間沒有建立起早期的親密關係，沒有獲得足夠的愛，所以他們沒有這種愛的能力，不懂得尊重他人，不會替他人考慮。

我們可以幫助這些人，給他們安慰，給他們支持，但是，我們需要有一個前提條件和設定。我們可以說：「我現在不方便，我這一個星期都很忙，你在下星期什麼時間打電話給我。」到約定的時間，他們如果打電話來，我們就可以去接，並且很明確地說：「我只能跟你說半個小時。」時間到了，就結束通話。每一次，我們的態度都很準確、很明確，這些人就會慢慢地形成一種有理智的方式來跟我們相處，這樣就可以幫到他們。

　　自虐型的人在做諮商的時候，諮商師就是這樣對待他們的。諮商師可能會說：「我們今天的時間到了。你在下一次見我之前，中間這段時間，你是打不了我的電話的，你沒有什麼急事不要找我。」他們就要忍著，要節制，慢慢地就形成了界限設定。他們有自知之明了，慢慢地就形成了對他人的尊重。在這之後，他們其實就已經開始考慮，不是自己想怎麼樣就可以怎麼樣的，就會開始考慮他人了。考慮他人，就是愛的能力的提升。因為，他們能看見別人了，能互動了，不是只顧自己了。

思考自己愛和被愛的能力 ·····························

　　愛的能力，包括看見、接納，也包括尊重、傾聽，還要有支持。被愛的能力，需要我們有一顆柔軟的心。別人幫我們的時候，要能夠真心接受別人的幫助，要放下自我。訓練被愛的能力

的技術，就是要練習沒有分別心。為什麼要求助者閉上眼睛？就是讓求助者不要區分任何人，誰都可以幫助求助者，誰的幫助求助者都可以接受。為什麼要大聲喊？求助不是遮遮掩掩的，而是理直氣壯地去向別人求助！這種求助的能力，就是被愛的能力。我們要向別人求助，就意味著要放下自我，不要再裝了。我們需要幫助，就不再裝得很堅強，就允許自己柔弱了，內心也就慢慢生出剛強了。我們越是外表強大，內心就越是軟弱。相反，外表很柔弱，內心就會慢慢生出剛強。人就是這樣子的。所以，被愛的能力就像水。水是最有力量的，而不是冰塊。

這就為我們帶來了一些啟發，在婚姻愛情關係裡，我們還是要提升。很多問題的背後，其實是我們愛或者被愛的能力不夠。如果我們接受別人的愛，慢慢地就會豐盈自己，也就有了愛的能力。

在婚姻中，我們要不斷去成長，如果在過去的愛情經歷裡受傷了，感到自己沒有愛的能力了，就更得成長得好一點，才有機會遇見更好的人。所以，人人都需要學習愛和被愛的能力。

心理成長小技巧 ······························

在連續兩星期的時間裡，每天做一件關心自己的事，每天做一件有益於別人的事，並且記錄下來。

在第 15 天，寫下這兩星期的行動帶給自己的收穫，寫下自己愛和被愛的能力的變化，寫下給自己帶來的啟示。

參考文獻

1. ［美］馬丁·塞里格曼（Martin E. P. Seligman）《持續的幸福》（*Flourish*）。

2. ［愛爾蘭］Alan Carr《積極心理學》（*Positive Psychology*）。

3. ［美］卡爾·R. 羅傑斯（Carl Ransom Rogers）《個人形成論：我的心理治療觀》（*On Becoming a Person*）。

第九章
逃避不是通往幸福的路

　　愛情的美好令人嚮往，也讓人成長。愛情為我們的人生充電，我們也要為經營好愛情而為自己充電。怎樣充電呢？在我看來，最關鍵的一步是培養自信，戰勝自卑。自信是愛情中一項很重要的心理資本，為保護我們的愛情和婚姻注入持久的動力。

培養自己的自信

　　心理學認為，自信通常展現在三個方面，分別是：在認知方面，判斷、分析、了解事物時持有比較樂觀的猜想；在情感方面，始終有一種積極向上的、快樂的心態；在行為方面，願意付出，願意與人來往，喜歡嘗試、冒險。

　　一個自信的人，能夠看到自己的能力和優勢，相信自己內在有著無限的潛能。一個自信的人，對生活擁有掌控感，即使面對挑戰，也仍然願意去嘗試，去勇敢地到達自己的近側發展區（Zone of Proximal Development）。一個自信的人，即使一時受挫，也能夠等待時機再次崛起，或是另闢蹊徑再創輝煌。一

個自信的人，在戀愛中，在婚姻中，都會因這份心理資本而將感情和責任維繫下來。

與之相反，一個自卑的人，可能會因為覺得自己不配擁有，而根本無法開始一段戀情，或是即便進入了戀愛和婚姻，也會因對自己沒有信心而逃跑。個人心理學之父阿德勒（Alfred Adler）認為，當一個人沒有準備好面對某個問題時，當他堅信自己無法解決這個問題時，出現的便是自卑情結。自卑是愛情的黑洞。一段很美好的感情，也可能會因自卑而遺憾終結。

因自卑而逃避，無疑是不負責任的。愛情裡沒有了責任，沒有了承諾，在一方逃跑的瞬間，兩個人的親密和熱情頃刻間蕩然無存。

因此，我們要培養自己的自信，要戰勝自己的自卑。接納自己，是自信的開始。

我們看待自己的眼睛裡，如果覺得自己哪裡不夠好，例如，覺得自己長得不夠好看，覺得自己很笨，覺得自己很沒有前途，覺得自己怎麼努力都比不上別人，覺得自己就是配不上對方……那麼，很值得去檢視一下的是，這個認為自己不好的感受背後，究竟是什麼觀念在發揮作用？這個觀念來自誰？是否真的合理？有沒有推翻的可能？比如，如果認為自己賺的錢比較少，無法給對方幸福，因此向對方提出分手。那麼，當你透過努力有了能力賺錢後，你會不會後悔分手？為什麼不給自

己機會再去爭取一下呢？有的人可能會說，累了，看不到希望，不如分手。那麼，你有沒有想辦法去解決這個「累」的感受呢？比如去做心理諮商，比如讀書上進，找到人生的新出路。

心理資本，是我們內在能夠保障自己在為人處世中續航的資本。我們有必要提升對自己續航能力的認知。在感情中，這一刻怕了，想跑了，不代表真的有必要逃跑，因為只要努力就可能會有轉機。如果你連努力都不肯付出，那麼你也不要指望下一段感情就會變得輕鬆，在下一段感情中就可以不累，可以不自卑，可以駕馭自如。

所以，先接納自己，接納自己認為不好的部分，接納自己認為不好的這些感覺，然後再來思考自己就真的那麼糟糕嗎？自己身上就沒有優點嗎？慢慢地，就可以在自己身上挖掘出寶藏。這些寶藏，就很可能幫助你透過一些關卡，重新看見自己的力量。

如果這些對你來說還不夠，那麼，就透過做事情來獲得對自我的肯定，這是獲得自信的最有力的方法。當我們在一件又一件事情的磨練中看到自己的能力和進步，看到自己潛能的發揮，我們就會從內在肯定自己，而不再依賴於外界的評判。

因自卑而逃避一段愛情，是一種對現實無能為力的主觀感受，在這個時候，最需要高度關注自己，不要再繼續往下發展這種逃避模式了，要及時喊停，不然自己的心靈有可能也會陷

入憂鬱情緒，那樣就更沒有獲得幸福的能力了。

　　為自己找事做，事上練，事上煉，勝過一切逃避、買醉、落寞、遺憾……透過事上練，事上煉，你也會成為愛情和婚姻裡的「戰神」。

　　愛情的美好，能否擁有，往往就在這一念之間，就看你能不能把這份對一個人的愛看成自己的一次成長機會。

逃避，讓幸福擦肩而過

　　有一位劉女士，對自己年輕時的一段感情念念不忘。十多年過去了，她早已嫁為人婦，依然常常懷念過往的伴侶，心中的遺憾和傷痛一點沒有隨歲月而淡去。

　　劉女士在上小學時，一篇關於戰爭文學的課文讓她感動不已。她工作以後，一個偶然的機會，看到一篇關於軍人們在遠離家鄉的地方無怨無悔奉獻青春的報導，她年輕的心靈被深深地打動了。懷著對軍營中的人的嚮往和崇敬，她寫了一封信，寄往軍營。幸運的是，她的信有了回音。經過幾年的通訊連繫，她跟一位軍人聊得很投機，感到兩顆年輕的心越走越近。在一個冬天，這位軍人趁著放假時間到了劉女士的城市，憑著地址一直找到她家，來探望她。劉女士發現他身上有著一個好男人、優秀軍人的全部優點。她享受著兩個人初萌芽的愛情，

認定他是自己心中最可愛的人。

　　從那以後，每個節日和生日，她都會收到他從遠方送來的禮物。熟悉的字型，有時不小心貼反了的郵票，都成了她最美好的回憶。雖然距離遙遠，但他們把對彼此的思念與牽掛都注入每一個字元裡。那時，她已經到了大都市裡工作。工作的日子非常辛苦，但她還是犧牲了所有節假日和休息時間，為他編織厚毛衣。她把對他的思念和愛一針一線地密密地織進毛衣裡，彷彿在編織著自己的未來和幸福。

　　時間一天天過去，他越來越優秀，她卻越來越糾結。有一天，他告訴她，他考上軍校了。她突然感到前所未有的恐懼。他馬上就要成為一名軍官了，而她覺得自己只不過是一個普通的上班族。她覺得自己配不上他，不能耽誤他的前程，於是，她寫了一封信，告訴他自己已經有了男朋友，生活得很好，祝福他前程遠大。

　　起初，他不相信。他寫了一封又一封的信來問她為什麼會這樣。她告訴他，未來太遠，他們的距離也太遠，注定是無法在一起的。就這樣，她用這種愚蠢的方式選擇了離開。望著他漸行漸遠的身影，她強忍淚水肝腸寸斷。她以為她還年輕，很快就會遇到新的感情，可以灑脫地把過去通通忘掉。可是，她沒有想到，從此以後，他成了她心頭永遠的傷口。

　　後來，她在別人的介紹下結婚了。婚後的生活遠不是她想

像的模樣。她覺得丈夫遊手好閒，每天只是抽菸喝酒，常常不到半夜不回家。她覺得自己和丈夫完全沒有共同語言，幾次鬧離婚，但是他堅決不肯離。她也就一次又一次地容忍。唯一讓她安慰的是，自己有了一個聰明可愛的女兒。每天，她拚命工作，希望能給女兒好一點的生活。她覺得自己陷在這忙碌的生活和痛苦的婚姻中，越來越煎熬。有一年，她下決心離開家，再次去大都市工作，可是丈夫緊隨著她帶著女兒追到大都市。看著幼小的女兒，她的心碎了，只好跟他們一起回到家鄉。

她覺得自己的內心只剩下麻木和淡漠。這些年，他一直杳無音信。她只能孤獨地回憶著他們曾經的點點滴滴。

告別未完成事件

這些其實都不可怕，最可怕的是，你以為人生再沒有第三次選擇。

未完成事件，對一個人的影響到底有多大？許多人都不覺得很重要。但實際上，未完成事件對一個人的人生影響是很大的。

每個人在生命旅途中前行，就會發生一些事情。事件發生後就一直會在那裡，時間不會因等待事件而停止。時間繼續向前，而故事中的女子卻停在那個時間不願離開。時間已經走到另一個空間了，她還沒能活在當下。那件事，就是她的未完成

事件。你要告別未完成事件，就需要一個儀式，比如在當年發生事件的地方去做告別，或者是清清楚楚地和那位軍人說一聲再見。可惜這些她當時都沒有做，現在也許只能找專業的心理諮商師來做了。許多人因為沒有做儀式而留下未完成事件，就這樣在接下來的生活中鬱鬱寡歡，終其一生。

我有一位學生，對於大學時一段很短暫的初戀感到很遺憾。她在跟我學習繪畫藝術心理療法時，運用圖像敘事的方式畫了一套漫畫，要給自己一個交代，把自己當時全部的歷程和感受都畫出來了。之後，她藉由通訊軟體把那套漫畫送給曾經的初戀男友。正好他過生日，她就說：「我送你一份特殊的生日禮物。」他說：「我會珍惜這份生日禮物。」現在他們成了很好的朋友，她透過這樣一個過程，就把這件事真正地放下了。

過去之所以美好，是因為我們在一起時彼此珍惜。未來之所以幸福快樂，是因為我們勇於活在當下和面對未來。告別過去，才是真正的珍惜，讓我們的心理和現實的時間與空間都在相同位置上，才能真正獲得幸福。

先說再見的人

劉女士為什麼會逃避？在兩性關係中，什麼樣的人格會選擇逃避？我們會看到，在生活中，在火車站送別時，你會發現

127

有的人明明是去送別人的，要等到別人走了，火車開動了，他才要離開，但是他做不到，他不能讓別人先走。所以，他剛剛跟別人揮過手了，說再見了，火車還沒開走，他就已經轉身跑了。這種人，我們稱為「先說再見的人」。在親密關係中，就有這樣的人。

我們在做婚姻輔導的時候，也會看到有這樣的人。我記得很久以前接過一個案例。一個女孩子，她每次交的男朋友都談得不錯，都是相處到了論及婚嫁的時候。但是，接下來，只要相處中有一絲風吹草動，發生一點小事情，她就會選擇跟男朋友分手，先說再見。連續三次戀愛都是這樣，這實際上是一種自虐型的行為。自虐型的行為是什麼？就是認為自己不夠好，不應該獲得這個，所以要破壞掉。那麼，用什麼方式破壞？就是不讓自己過得好。這個女孩的行為就是這樣的。

我們不能說劉女士就是自虐型人格，但至少可以看到，在她的個性裡的自卑，覺得自己不配和他在一起。所以，往往先說再見的人，一看到風吹草動，就會理解為是不安全的，就會逃避。她的男朋友給了她一種可能不安全的訊號，所以她選擇離開。那麼真正的愛的能力是怎樣的？它包含了照顧別人的心情，就是保護別人的自尊。可惜當時的這位軍人不知道，他可能也根本都沒辦法做到這一點。如果他知道，他至少會向她表達，會安慰她，會告訴她：「無論怎樣，我都不會嫌棄妳。我

愛妳，不是因為妳和我的地位，而是因為妳在我心中是最美麗的。」他連這一層面都沒有表達，就表示他根本不知道是怎麼回事，所以這是很可惜的。

劉女士在這過程中，既沒有選擇讓對方知道自己的心情，讓對方有機會去幫助她，也沒有選擇自己很奮力地去追去爭取，就自己放棄了。

所以，逃避的背後就是自卑。有的人在自卑背後還帶著一點自虐型的人格特質，在很多情感關係裡都會有這種現象。有一首歌叫〈飄洋過海來看你〉，因為每個人都渴望追求心裡的理想伴侶。可是故事中的劉女士沒有去追求，逃避不是通往幸福的路。

珍惜過往，珍惜現在

劉女士的第二次逃避，也值得我們探討一下。如果說，她第一次逃避，結束了那段感情，就把那一份美好當成是上天給她的恩賜，就把它包裹在自己的內心深處，變成生命的禮物，然後過好現在的日子，不受它影響，這樣也未嘗不可。但這些要靠珍惜，如果沒有珍惜的能力，過去的好事就變壞事了。而劉女士正缺少一份珍惜的能力。

劉女士沒有以珍惜的心態去對待那份過往的感情。現實生

活中，她經由別人介紹結了婚，可是婚後，她又對婚姻不滿，自怨自艾，對前段感情始終放不下，不面對現實，不踏實地過日子，這就是第二次逃避。劉女士沒有和命運和解，更談不上微笑，這就有點可悲了。其實她已經比別人幸福很多了，她沒有發現。很多人就是想追求這樣刻骨銘心的愛情，但是遇不到，她有過這樣的經歷，就已經是賺到了。

劉女士應該知足，她曾經有過這麼一段讓人終生難忘的情感，這不是那麼容易遇見的，她應該去珍惜。如今，好好地和這段美好的經歷道別，就是最好的珍惜。

生活中，也有的人在「先說再見」之後，雖然非常痛苦，但是後來也會走出來。他們在分手的當下，覺得可能再也不會有這麼美好的愛情經歷了。而當走過之後，真誠地面對和處理自己的自卑，漸漸成長為更好的自己以後，卻發現自己活得更精彩了，並且相信自己會遇見更美好的愛情。

愛情讓我們成長

愛情，都是在產生的時候，你遇見了和你有相似人格的人，遇到了另一個閃耀的自己。榮格（Carl Gustav Jung）提出，每一個男性化男人的內心深處都有一個女性化的性格，叫做阿尼瑪（Anima）；每一個女性化的女人內心深處都有一個男性化

的自我,叫做阿尼姆斯(Animus)。其基本功能就是引導人們去選擇一位戀愛對象。我們在尋找伴侶的時候,就會把我們的阿尼瑪或阿尼姆斯投射到對方身上。這可能是產生愛情的根本原因。我們今天來看王陽明先生說的「自給自足」,有的人成長到一定程度,就可以實現自給自足,就能夠超越孤獨的焦慮。戀愛就是一次成長,在對方身上看見了一個更好的自己。

本書在開篇的時候談到了愛情的三個類型。第一種是經濟型,兩個人合作,一起為了生存、繁衍和發展而合作;第二種是幸福型,兩個人開始更多地擁有愛的感受,彼此尊重、理解、體貼、支持,在關係中能夠體會到幸福、快樂和滿足;更高一層,就是成長型,與一個更閃光的自己相遇,與一個更好的自己相遇,就是一份能夠幫助自己成長的愛情。

故事中的劉女士值得祝賀,因為她遇到了一個更加閃耀的自己。看起來,軍人是客體,是一個重要的男性客體,實際上,這是她人格的一部分。兩個相愛的人,往往他們的人格至少有三分之一是非常相似的。正所謂不是冤家不聚頭,這個「冤家」,這份「纏綿」,都說明你遇到了一個更好的自己。也有很多人會遇到一個不夠好的自己,這被榮格稱為「陰影」,是自我中消極的一面,是人格的陰暗面。然後,兩個人之間就會產生恩恩怨怨,滾滾紅塵。痴男怨女,就這樣產生了。

有時候,你在別人身上看到了耀眼的自己,人家不一定從

你身上也能看到。這時候你可能需要主動去追求，即便追求不到，也可以藉助對方去感受這個更加閃耀的自己，而不必打擾對方。

祝願所有在愛情中的人都能看到對方身上有閃耀的自己。如果看不到，那麼，你就去找，就去好好挖掘，一定可以挖出寶貝來！

心理成長小技巧

靜下心來，寫出自己的三個優點，並寫出每一個優點背後的故事。寫完之後，分享給你信任的一個人或一些人看一看。

參考文獻

1. 彭凱平《吾心可鑑：澎湃的福流》。

2. 韋志中《幸福干預：一生受用的 26 堂幸福課》。

3. [奧] 阿爾弗雷德・阿德勒（Alfred Adler）《自卑與超越》（*What Life Could Mean to You*）。

4. [美] Jerry M. Burger《人格心理學》（*Introduction to Personality*）（第八版）。

第十章
漸漸消失的愛情儀式

　　儀式，是我們隨時都可能需要做的事情，我們可能隨時面臨轉換新的角色、新的身分的需求。一個新的自我，要做的事情，要承擔的角色使命，要擁有的人際關係，要呈現的價值與意義，都是需要儀式來幫助完成的。不然，我們身體在一個新的地方，而心理上還停留在原地。那麼，我們就無法進入新角色，內在也就無法形成充分的動機來呈現新角色應有的狀態。無論是情感、情緒，還是認知、思維，乃至行動，都無法到位。

　　儀式包括外在儀式和內在儀式。外在儀式是將意義和理念，由外而內地傳達，最終真正進入我們的內心，成為我們真正認同的信念。內在儀式是在內心完成的角色、意義、價值的轉換。儀式最關鍵的，就是心理轉換的過程。

　　從人生發展的視角來看，我們從出生到與這個世界告別，這過程中每一個關鍵的節點，都應有一個很好的過渡，以完成我們的角色調換。在傳統文化中，小孩子出生了，我們要對他做歡迎儀式。小孩子長大了，他要參加成人禮。親人離去了，透過喪禮相關的儀式，就陰陽兩隔了。這些都是我們人生中角色、身分轉變時需要進行的儀式。

愛情儀式，是人們心理的需求 ···················

　　我們在這裡主要談愛情中的儀式。那麼，愛情中的儀式都有哪些？

　　兩個人確立戀愛關係，初嘗愛情的甜蜜，彼此決定愛對方，透過在心理上完成儀式，關係就會在彼此心中穩固下來。

　　兩個人感情昇華到每一個新階段，都是值得紀念的。而在此時，兩個人對於彼此感情程度的認知，對於彼此親密、熱情和承諾的程度的認知，都可以透過言語交流或者進行一些浪漫的紀念方式，以在心理上完成確認。這樣更利於兩個人關係的長久發展。陪伴對方度過人生的一些節點，例如生日、職場進步、事業發展、戰勝挫折、學習成長……都需要儀式。例如一起吃一頓大餐來慶祝、一起製作一件紀念物品等。這時候，儀式是陪伴，是見證，更是心理成長的重要過程。

　　訂婚、結婚，都是需要儀式的，這是一個甜美又莊嚴的過程。對於婚姻，在許多文化中主張婚姻既要合法，又要合禮。在古代，一樁符合禮儀的婚姻，通常要經歷一連串的儀式才宣告完成。在今天，即便結婚履行了法律程序，民眾也依然主張要舉辦結婚儀式。有許多的國家和民族，形成了豐富多彩的婚俗文化。在現代結婚儀式中，人們表現出的生活策略和生存智慧都是不容忽視的。結婚儀式是夫妻倆向周遭社交圈宣告婚姻

的成立，源自血緣、姻緣、地緣、工作以及其他關係的社會成員的參與和婚宴祝賀，以滿座高朋為證人，讓結婚儀式具有自然的公開性，獲得大家的認可，從而具有行為的正當性，婚姻當事人在道義上也受其監督。結婚禮儀象徵著禮教秩序，透過一定的物品、動作、語言和程序讓婚姻當事人及其親朋好友感知。婚姻當事人在禮儀中被文「化」，接受共同的價值觀念，讓新家庭作為共同體的利益得到彰顯，個人從屬於新家庭的觀念被強調，個人也就實現了心理上的過渡，成為新家庭的主人。華人有很多婚俗文化一直沿用至今，幫助人們完成心理上的過渡，例如：上車、下車，寓意從娘家到婆家了；拜天地，拜高堂，代表正式進入婆家了；在新婚的床上放置紅棗、花生、桂圓、瓜子，寓意早生貴子……

除了上車、下車的過程，在現代結婚儀式中，很多新人們還會在飯店舉行一場鄭重的婚禮，宴請重要的親友、同事、鄰居們到場見證，由司儀主持。司儀在這過程中，會向現場來賓介紹這對新人相識、相戀的歷程；會請新娘的父親親自把新娘託付給新郎；會邀請兩位新人講述彼此的心路歷程、回憶彼此相處的點滴；會為他們主持鄭重的結婚宣誓、交換戒指、喝交杯酒等環節；會請雙方家長、上司表達對新人的祝願和期許；甚至還會問新郎關於新娘的各種問題，也問新娘關於新郎的各種問題，看看他們能不能答對，以渲染氣氛，通常都會以彰顯

新人之間的甜蜜度為目的。到場的親友、同事還會表演節目，盡情表達對新人們的祝福。透過這些過程，新人們就完成了心理上的過渡。這椿婚姻也被社交圈承認並且祝福。

分手也需要告別儀式。有告別，才可以好好地結束，才可以順利回到單身的生活，才可以在今後的戀愛婚姻中，不再有從前的影子揮之不去。有的朋友被動分手，沒有告別儀式。在這種情況下，也要自己在內心做一個儀式去向過去告別，才能重新開始自己的新生活。我們看到電影《非誠勿擾》裡就有離婚典禮，這就是告別儀式。其實，如今社會中人們向過去告別，向一些關係告別，都需要儀式。名不正則言不順，沒有儀式是不行的。

儘管儀式在愛情中自始至終都發揮著重要的心理過渡作用，然而，在當今社會，我們能夠觀察到，隨著大量年輕人湧向大都市工作和生活，有很多人漸漸不再注重愛情中的儀式，在結婚時也追求婚禮的簡化。那麼，在這種情況下，我們又該怎樣做呢？

一場不幸的婚姻

有一位名叫小容的年輕女子，她在寫信來諮商時，說自己個子高挑，身材苗條，直髮披肩，長相秀麗，性格開朗，走在大街上，就像模特兒一樣會吸引很多目光。她說有不少人追

她，有一位房地產公司老闆，說願意給她一間房子；還有一位律師，無論是學識、人品、外貌和收入都很不錯，堅持送花給她；追她的還有其他一些既有地位又有財富的人。然而，她實際上已經結婚了，兒子都三歲了。但她對外一直隱瞞自己已婚。她說目前的婚姻生活讓她沒有半點幸福感。她不知道該怎麼辦才好。

小容說自己很多時候都後悔當初的選擇。在登記之前，她就有過想分開的念頭。她想等小孩再大一些，如果和丈夫的關係沒什麼進展的話，就選擇離婚。她說，自己當初被愛情沖昏了頭腦，不然還可以有更多更好的選擇。

她五專畢業後就開始出來工作，和現在的丈夫是在參加一次朋友聚會時認識的。他是她一個朋友的同事，在一家公司做業務經理，工作業績很不錯。認識沒多久，他就經常請她和她的朋友、同事去唱歌，一次就花上五六千塊，表現十分大方。漸漸地，他們開始單獨約會。男友是家裡的長子，他還有兩個弟弟。母親在他們很小的時候就去世了，父親是個遊手好閒的人，養家的重擔就落在他一個人身上。還好他運氣不錯，遇到一個不錯的老闆，那時錢也比較好賺，工作沒兩年，就有足夠的錢在老家蓋了一棟房子。可能因為他的家庭背景，他表現比較自傲，身邊幾乎沒有好朋友，他自己的事也從不跟別人說。而且他對父親和爺爺奶奶很孝順。當她了解到這些，她覺得男

友很可憐，對他的為人很認可，一心一意決定跟他在一起。

　　當時，她在想跟他一起努力照顧好他現在的家，再過兩年等他的弟弟們畢業工作之後，也能建立一個屬於他們的幸福之家。他們確定關係兩個月時，男友改行要去其他縣市開店做生意。他到外地創業，她也支持，覺得趁年輕哪怕辛苦一點，為了以後能過得好些也不怕。週末放假，她去那個城市看他，一家十多坪的店面，閣樓就當臥室，裡面除了一張席夢思以外，什麼都沒有。男友希望她也能過來一起顧店，她答應了。年底，她把工作辭掉，就去了男友的店面。

　　小容沒想到，到那剛滿三個月，她就懷孕了。男友希望她把孩子打掉。但她很想留下和他的第一個愛情結晶，堅持要把孩子留下來。男友生氣地說了一句：「妳想生就生！」轉身就下樓去了。

　　但是，第二天，男友就告訴她，已經打過電話給家裡了，準備這兩天帶她回去見長輩，也讓她跟家裡人談談，也跟她回家見見她父母，把婚事定下來。

　　小容的父母對這個男孩子不太滿意。但男友表現挺勤快，對兩位長輩也很尊敬。她跟父母說了很多他的好話，最後父母同意了他們的婚事。她跟父母商量，因為男友在創業初期，經濟狀況不允許辦太大的婚禮，先簡單請朋友吃個飯意思一下，以後再補辦。雖然父母不是很高興，但還是無奈同意了。

結婚是在男方家。那天，他們就在工作地請了她的幾個同學和他的幾個朋友，加起來也還沒到兩桌。婚紗和婚戒都是她自己去買的，錢也是她出的。小容很希望有一組婚紗照，哪怕簡單的幾張也好。可是無論她怎麼說，丈夫都不肯拍。結婚當天，她很心寒。席間，丈夫一直跟其他人寒暄喝酒，跟她連一個眼神交流都沒有。吃完飯，大家一起去唱歌的時候，她還沒上車，丈夫也沒發現，最後是她同學發現才把車停下來等她。當時她已經懷孕幾個月了，刻意走得慢一點，她很希望得到丈夫的關心和照顧。丈夫的表現讓她傷心透了。她裝作什麼事都沒有，高高興興地和大家一起唱歌，直到送走所有的人。回到小閣樓，她什麼都沒說，一個人默默流淚。

第二天，他醒來看見她坐在窗邊，走過來親吻了一下她的額頭，問：「老婆怎麼啦？」話語中，她感覺到他的關愛。她的心一下子軟了，頓時再次無奈地原諒了他。她搖搖頭，回答道：「沒事，我只是想安靜一下。」丈夫似乎沒有發現什麼，就下樓工作去了。

小容快生孩子時，回到了丈夫的老家。對於鄰里間出現一位陌生的孕婦，鄰居們都感到很好奇。兒子出生後，小容在丈夫家坐完月子，又生活了三個多月，身體恢復得差不多了，就帶兒子回了他們的工作地。

回到店面之後，小容主要負責帶孩子，丈夫忙生意。他經

常忙到很晚才回來，回來也不怎麼和她說話。漸漸地，他們之間似乎已經沒有什麼話題可聊了。

日子就這樣一天天過去了。如今，小容感到自己和丈夫的感情真的很有問題。他們都還是二十幾歲，但夫妻生活很少，一個月就一兩次。在同房的過程中，她覺得他簡直就像例行公事一樣，草草了事就睡覺去了。她試圖和丈夫溝通，想採取一些辦法增加一點熱情，但沒用。快三年了，小容覺得自己受夠了。她想再過兩年，等兒子長大一點，就離婚，到時候哪怕一個人生活，也不後悔。

結婚儀式，重在完成心理轉換

我們能夠看到，在這場婚姻裡，小容始終都沒有真正地享受到作身為子的角色的對待。

結婚儀式，對於角色轉換來說是非常重要的。結婚儀式一定得讓女性有切切實實的感覺，感覺到自己現在進入了一個新的家庭，開啟了全新的生活，是人家的媳婦了，要為人妻、為人母了。在婚姻解體的影響因素中，有未婚先孕，有未成年戀愛，有早早地結婚了還沒有舉行結婚儀式。所以，結婚儀式很重要。

小容的角色就沒有成功轉換。她在信中一開始就先詳細地

描述了一番自己的外貌特徵，我們也能夠接受女孩子的這種虛榮心。但是她的問題在於，她沒有把自己當成人家的妻子，就是因為她在心理上缺了儀式。這就是儀式的重要性。她的情況是屬於隱瞞婚姻的一種，她不告訴別人她已經結婚，就為自己的幸福人生留下好多隱患。顯然，她又對自己沒有足夠的信心，還是一種對人生不負責任的態度。

我們在結婚之前是個孩子，在結婚之後就成了一個家庭的主人，就要有責任感了，這就需要透過儀式來完成。身為丈夫，就要帶著妻子回家見自己的父母，見所有的親戚。同樣地，他也要到女方家裡，見女方所有的親戚，所有的儀式都要完成。小容的丈夫草草地擺了兩桌宴席，在宴席中沒有和新娘彼此鄭重告白、宣誓，後來去唱歌時還差點把新娘弄丟，這就太兒戲了。

有的人結婚，雖然也不大張旗鼓地舉行婚禮，但是新娘一旦到了夫家以後，男方的父母在與她的互動中，會讓媳婦覺得嫁到家裡來了。只要能感受到這個角色的轉變，就成功了。儀式的目的，就是為了讓夫妻雙方在心理上感受到角色的轉變。

有的朋友裸婚，但是婚後相處得很好。這種情況，就是兩個人在心理上已經完成了儀式。他們已經彼此鄭重約定了。女方清楚明白自己要嫁給這個男人，並且很清楚兩個人為什麼不舉辦婚禮、不買戒指、不拍婚紗照。兩個人對未來的婚姻生

活，已經做好了心理準備，角色自動就轉變了。所以，最重要
的就是心理上的儀式。

在儀式中，完成心理成長 ………………………

　　結婚前，很多女孩子都是被照顧被疼愛的，結婚之後，就
需要完成內心的成長，因為她們要開始經營一個家庭了。小容
實際上並沒有做好準備，而且她也不願意。結婚之後，家是妻
子的地盤，丈夫和孩子，都是妻子要關心照顧的對象。小容就
沒有占領地盤，她覺得那塊地盤不是她的。所以，小容需要完
成一個走進新家庭的心理儀式，看到自己的地盤，也看到自己
的責任，然後去享受身為妻子的角色。

　　小容需要和丈夫一起，做一個鄭重的彼此確認：「你是我的
丈夫，我是你的妻子。我們是一家人了。無論生老病死，我都
會在你身邊，對你不離不棄。」他們還可以進行一場「遲來」的
蜜月旅行，手牽手去鄭重地補拍一次婚紗照，重新舉辦一場具
有上車下車、宣誓告白等關鍵環節的婚禮，透過這些方式，來
幫助完成這項儀式。

　　小容在性格上有不完美的部分。她不定性、不懂事，但在
這背後，是她性格裡的虛榮心。人家對她一誇，對她一拱，
她就覺得自己了不起了，但是，她自己一直沒有學習和成長，

內涵不夠。她以為自己是灰姑娘，可以遇到王子，結果就是沒遇到。

從她的故事中，能夠感受到她的不甘心。她根本的問題是在於她現在還不能告訴人家她結婚了，她想再觀察兩年看看，不行就離婚。她抱著這種態度，那麼對待婚姻就是任其所為、聽天由命，就看她丈夫如何發展了。如果丈夫這兩年發達了，她可能自己慢慢收心了。如果這兩年發生意外，她可能就離婚了。

心理成長小技巧

想一想自己在愛情中、在婚姻中，還有哪些未完成的心理過渡？透過一個心理儀式，來完成它。

請在一張 A4 紙上畫一條河流，在河流上取一個節點，代表一項你未完成的心理過渡。如果有多項未完成的心理過渡，就為每一項畫一個節點。在每個節點旁邊，畫上那時的自己，然後在旁邊寫一首小詩送給自己。（如果一張 A4 紙不夠，可以拿新的 A4 紙繼續接著往下畫。）

然後，繼續畫河流，讓河流繼續流淌。畫完之後，在這段新的河流上，寫上五句話或者五個關鍵詞送給自己。

寫好之後，欣賞自己的整幅畫，和畫上的文字，看一看自己有什麼新發現或者新啟發。

參考文獻

1. 韋志中《幸福干預：一生受用的 26 堂幸福課》。
2. 金眉〈事實婚姻考察：兼論結婚儀式的現代法律價值〉。

第十一章
破解家庭暴力

　　家庭暴力源自對生命的無力感。看似是施暴者，其實內在有著這樣那樣的無力。而破解家庭暴力，需要的力量就是健康的生命力。健康的生命力，包括獨立的人格，包括愛和被愛的能力，也包括自信、希望、樂觀、堅韌四個維度上的心理資本。

施暴者的無力

　　家庭暴力無論在哪個國家，比例都相當高。。根據世界衛生組織調查，全球有四分之一的女性曾經遭遇過家庭暴力。家庭暴力包括身體上的毆打殘害、進行威脅強迫、恐嚇、情感虐待、孤立、推脫罪責、利用孩子讓伴侶內疚、經濟虐待等。其中施暴者 90% 是男性，也有少數女人打男人的情況。

　　當一個人面臨危機，又找不到解決的辦法時，就會產生無力感。這些危機可能是身體上的危機，例如生存、繁衍和發展的需要遇到威脅；可能是心理上的危機，自尊的需要、愛和歸屬的需要沒有被滿足，例如尊嚴受到踐踏、遭遇不公正的對待、對人際關係沒有辦法等。這些無力感如果不能得到疏解，

就會漸漸轉化為一股持久的負能量。

有的人會因這股力量產生自我攻擊，對自己的身體直接進行傷害，或是產生身體上的疾病，產生心理上、精神上的問題。有的人會把這股負能量遷怒到別人身上，尤其是伴侶和孩子身上，進行替代性攻擊，或對其身體進行毆打侮辱，或對其精神進行折磨。施暴者已經暫時沒有力量去愛別人了，只有把怒火發洩出去，才能獲得一點平靜，恢復一點良知，然後透過對被施暴者道歉以重新找回對關係的安全感。然而，等其下一次再感受到深深的無力時，隨著無力感的再度來襲，暴力行為也會捲土重來。有的家庭暴力就是在這種情況下產生並且反覆發作、不斷更新的。

還有一些家庭暴力源於人格上的障礙，例如邊緣型人格障礙、反社會型人格障礙等。人格障礙個體通常難以控制情緒，其暴力行為通常非常衝動，具有高度的攻擊性，後果嚴重，而施暴者完全無法控制自己。這些人格障礙類型的個體，其實並不適合結婚。值得關注的是，校園暴力也與家庭暴力有一定的關係。一個有著或輕或重的暴力言行的家庭，孩子也有很高的傾向會形成暴力言行。

破解家暴的心理輔導著力點 ....

對於人格障礙導致的家庭暴力，彼此分開是最好的選擇。對於被施暴者，需要幫助其建立離婚的心理資本，從自信、希望、樂觀、韌性四個維度上進行培育。

對於還沒到人格障礙那種嚴重程度的家庭暴力，是可以運用心理學來改善的。無論是施暴者，還是被施暴者，都需要接受心理輔導。這方面心理輔導工作的著力點在於：運用文化心理動力再塑人格，透過人格再成長，重新培育愛和被愛的能力，重建心理資本；同時，幫助其形成自我覺察、自我成長的習慣，重新建構家庭文化和個體自我的心理文化，提升認知水準，提升思考品質，以形成更具適應性的心理能力。

健康的生命力養成，需要在人格再成長方面著力下功夫。人格是畢生發展的。當人格發展至較為成熟的階段，就會對人生有更為獨立的思考能力，不易被眼前的障礙所困住，不會因別人的否定而否定自己，會很有勇氣，會有力量想出更多的辦法解決困境，擁有更多的創造性。

在人格形成與發展的過程中，有的人會形成一些創傷，導致心理能量阻滯，就好像一部機器的一個零件出問題了，不僅不能順利發揮作用，還會影響整個系統的運作。因此，療癒舊的創傷，透過重建心理事實來改寫心理感受，形成更具建設性

的認知，形成積極的情緒和情感，可以讓人格獲得再成長，讓被阻滯的心理能量重新得到釋放，進而形成愛和被愛的能力，形成自信、希望、樂觀和韌性等心理資本。

健康的生命力有一個巨大的培養空間，那就是文化。人格是在文化背景中形成的，人類的文化、國家民族的文化、地域的文化、家庭的文化，都對人格的形成產生作用。因此，可以藉助文化符號來投射出內在創傷，然後重建心理事實，改寫心理感受；可以藉助文化中的正向心理動力，來消除成長過程中的一些不良感受，喚醒內在的正向心理優勢，重新建構更為積極的家庭文化氛圍，重新建構每個個體自身的正向的心理文化。

我們可以運用積極婚姻家庭治療的視角，幫助家庭在家庭文化塑造、家庭正向優勢提升、親密關係平衡、家庭未來展望四個層面開展工作。其中，家庭文化塑造的工作，主要包括終止不良「遺傳」、完結心理儀式、樹立核心價值觀、維護良好動力；家庭正向優勢提升的工作，主要圍繞寬容、尊重、進取、創新；親密關係平衡，主要圍繞積極語言、積極行動、積極傾聽、積極表達；家庭未來展望，主要包括累積財富、樹立理想、傳承美德、走向「大我」。實際上可根據每個家庭情況的不同，來選擇不同的重點來進行。

打個比方，培育健康的生命力來破解家庭暴力，就像在山石間種樹，就像在崖壁上種滿爬牆虎。用積極的生命動力，將

心靈的頑石轉化為獨特的風景，讓心靈由無力轉變為有力，轉變為自由，轉變為韌性，轉變為希望，轉變為愛和被愛，轉變為智慧、勇氣和力量。我們可以稱之為「植樹思維」。

面對家庭暴力，請不要默默忍受

有一位高女士，在她 22 歲時，交往了一位筆友。這位筆友是職業軍人，比她大 3 歲。往來一年後，他們見了面。高女士當時對這位筆友感覺普通，她父母也不太同意他們交往。但是高女士聽說筆友從小家裡很窮，受了很多苦，總覺得自己應該幫他分擔生活的重擔，於是，堅持和他在一起。

在高女士 24 歲時，父母送她去男友部隊所在的城市結婚。男友給了她幾千塊錢，單純的高女士僅花了幾百元買了件衣服，其他的錢都還給了男友。他們匆匆準備婚禮，想不到就在結婚的前一天，男友突然沉著臉不理她了。開始，高女士不明白為什麼，後來終於搞清楚了，原來，他覺得高女士家裡沒準備嫁妝。其實，高女士父母給她買了許多東西，只不過都放在老家沒帶來。高女士媽媽馬上帶她上街買了整套的寢具，他們才匆匆把婚結了。

當時，他們只是舉行了簡單的婚禮，還沒有登記。第二天，丈夫一整天沉著臉，怎麼問也不說為什麼，動不動就發火。後

來，高女士終於弄明白了，原來，丈夫見她新婚當夜沒見紅，懷疑她不是處女。真是天大的冤枉！可是，無論高女士怎麼解釋，他都不相信。高女士一氣之下對丈夫說不登記了。

過了兩天，丈夫突然又說：「還是去登記吧。」高女士想，親友同事都知道她是來結婚的，如果沒結成，多丟面子啊。於是，她還是去登了記。

婚後，高女士發現丈夫有事都悶在心裡，對她非常冷漠。高女士去找丈夫時，都會替他買很多東西。可是丈夫回家時，卻什麼都不會買給高女士。可是，丈夫對他的兄弟姐妹們卻是無微不至地關心，對朋友也很好。他的弟弟妹妹來他們家時，都和高女士相處得很好。高女士從他弟弟妹妹口中得知，他經常匯錢給家裡，而這些他從來不對她說。他弟弟妹妹來做客時，很熱心地要幫嫂子做飯，但丈夫見此情景便會臉一沉，抱怨高女士沒有招待好他的弟弟妹妹。

高女士是在婚後第四年懷的孩子。在這之前，丈夫一直以要照顧弟弟妹妹為理由，說暫時不能要孩子。高女士的孕吐非常嚴重，吃什麼吐什麼。親友鄰居們都建議她去醫院掛點滴。當時，正好丈夫的姐姐身體不舒服。高女士對丈夫說，明天帶姐姐去醫院時，把她也一起帶過去打點滴。他答應了。可是，第二天一大早，他只帶著姐姐去了醫院，根本沒叫她。高女士傷心欲絕。

儘管高女士又是懷孕又是生子，但丈夫一直對她不聞不問。後來高女士一個人沒有辦法，就回娘家住了幾年。起初，丈夫還說要給兒子生活費，高女士的父母客氣說不用了，都是一家人。當時高女士的薪水比丈夫高，於是他從此就沒給過她錢。就算是後來，丈夫薪水比她高了，也沒再給過她一分錢。

後來，丈夫轉調到張女士所在的城市。他們天天住在一起了，但是矛盾也越來越多。丈夫動不動就沉著臉，十天半個月不理她。每次都是高女士受不了了，主動找他說話。有一次，高女士買了件漂亮衣服，問丈夫好看嗎，他說：「好什麼好？」高女士看到丈夫說這句話時一臉憤怒的樣子，她覺得很驚愕，現在很多女人不都喜歡這樣穿嘛。

一次，高女士無意中看到丈夫寫的日記，他形容她人品很差、愛錢如命、斤斤計較。那一刻，高女士感覺自己的傷心透了。她有時會想，是不是新婚當夜沒有見紅，導致了丈夫始終不能相信自己，以至於這一輩子都不能幸福；有時又會想，是不是在部隊那些年，給丈夫準備的生活用品時有哪裡沒有考慮到，買得不夠齊全；有時還會思索一下丈夫是不是在外邊有喜歡的人了，只是不肯說，但似乎又沒有。

逢年過節，丈夫總是自己回父母家，不去岳父岳母家，也不讓高女士回婆家。

高女士覺得自己的婚姻冰冷極了，她也難受極了。在外人

面前，他們是恩愛夫妻。但高女士心裡的苦，只有自己知道。她也不知道自己是怎麼忍受過來的，就這樣忍著忍著，二十多年就過去了。

為什麼結婚？高女士找到了理由。為什麼這麼痛苦還會繼續下去呢？高女士也有足夠的理由。為什麼高女士今天會很難受，更有說不完的理由，而且，每一個理由都是那麼合理，都是當時必須這樣選擇的，不然就會有不好的結果。

我們可以很清楚地看到，這是一個典型的自作自受的故事。每一個十字路口，高女士都看似沒有選擇，或者是被動選擇，其實都是自己的選擇。

我們選擇了要面子，而不是愛情，幸福自然就和我們無緣了。馬克思（Karl Marx）說：「沒有愛情的婚姻是不道德的。」高女士自己選擇走進了一段沒有愛情的婚姻，然後用二十多年的時間來練習如何忍受，以及如何去適應。什麼是命運？命運在她這裡就是不斷地重複自己的行為，然後一邊抱怨，一邊接受著現實的結果。你覺得自己應該得到愛而沒有得到，只要在夜深人靜時問一問自己：「我愛我自己嗎？」

有這樣一個故事。兩個人戀愛多年，終於去登記結婚了。從戶政事務所出來之後，丈夫沒有陪妻子一起走，而是自己走在前面，還買了飲料自己喝，而且只買了一杯。然後，妻子越走越慢，丈夫也沒發現。妻子實在受不了了，就跟丈夫說：「我

們離婚吧。」他們從登記結婚到離婚，就在這短短的瞬間，這位女士就想清楚了。而有的人，從這時候起就開始妥協了。

我們開「心旅伴」旅行團的時候，會有愛情旅行團。很多情侶、夫妻跟著一個團七天下來，就知道要不要跟這個人走一輩子了。因為在旅行生活中，這個人的很多生活習慣、價值觀、與人相處的態度和能力等就完完全全表現出來了。他是不是你要找的男人，她是不是你要找的女人，一下子就非常清楚了。

低自尊的人，以攻擊索求愛 ························

低自尊的家庭，是在一個群體中地位不是很高的家庭。在這樣的家庭中成長的小孩，渴望獲得愛，但不會用愛的方式來表達自己的訴求。身邊最親密的人，一般是他們傷害的對象。

他們會用攻擊、逃避的行為來表達自己的需求，以及內心的不滿。他們一般都會敏感、多疑，甚至神經質，但是又聰明、勤快，且富有正義感。比如，高女士的丈夫說他老婆穿得不端莊，但在他妻子看來自己並沒有很過分的行為，在他看來卻是那麼的自私和糟糕。這說明了他的正義感甚至超過了正常的範圍。

對外人好過對自己人，因為他強烈地需要自尊。誰滿足他的自尊，誰就是他會愛的人。什麼事情可以滿足自尊，他就會做什

153

麼。對自己家人好，表現出不在乎妻子，都可以讓他覺得很有自尊。戀愛的時候，我們就要知道對方心理方面的修養，知道他是怎樣的個性，以他的個性會有哪些行為，這些行為是他自己的，還是針對我的。有了解，才有理解，親密關係才會甜蜜。

可是，你們從一開始，就相互不了解，或者說還沒有來得及了解的時候，就開始互相傷害了。然後，就這樣一直惡性循環，在以後的歲月裡，就是一個字——「忌」，就是內心只有自己的感受。和內心只有自己的感受的人相處在一起，愛的關係就很難和諧了。更何況，你所面對的是一個小孩。小孩一直需要愛，無論他年齡多大，內心都是永遠需要愛的。

可是你心裡的苦，只有你自己知道。

這個故事中呈現的家庭暴力，實際上是一種冷暴力。婚姻中最怕的就是這樣，傷你的心、冷落你。在他們的婚姻裡，高女士還曾自己跑到娘家住了幾年。

今天一切的結果，都是高女士自己選擇的結果，這首先是自作自受。其次，她的丈夫實際上就是一個典型的沒有愛的能力的人。但是，她並不懂這些。他是她的丈夫，她其實是可以爭取他的愛的。因為，有一些愛，需要她自己去表達、去爭取。既然選擇了他，那他一定有好的一面。而他不好的一面，就是她要和他共同去面對的。

其實，婚姻就像買了一臺機器回來。你用了它的功能，就

得承受它那些不好的缺點，比如噪音，因為你要用這個機器。那麼，人也一樣。你肯定是看到他的優點，如果一點優點都看不到，肯定是不可能和他在一起的，也不可能繼續下去。那麼，你就需要去幫助他完成這個他需要完成的部分。這位丈夫需要完成的部分是什麼？他為什麼唯獨對妻子這麼不好？

我們並不知道高女士丈夫的父母親之間的關係。如果他的父親一輩子都不在乎他的母親，那麼現在，他就正在重複著他父親的歷程。這就是一種家庭文化遺傳。因為家庭暴力往往是具有文化遺傳性的。孩子目睹了父親對自己的母親使用暴力，他在長大之後往往也會對自己的妻子使用暴力。

家庭暴力裡的「遷怒」

其實，男人打老婆，是一種無奈之舉，是氣急敗壞，是遷怒。遷怒是指把憤怒宣洩到不相干的人身上，使別人無辜受牽連。他自己無能，在面對困境的時候，面對外部的阻力的時候，他搞不定，就會遷怒。他把一腔怒火都發洩到妻子身上。而家庭暴力，並不是文化素養低的男人就一定會打老婆，有些文化素養很高的人更可怕。所以，不要只看一個人的外表。有的人看起來非常好，沒有任何缺點，但這樣的人是很值得警惕的。

大家要合理地理解「遷怒」。遷怒比憤怒可怕。憤怒是感覺

到外部有危險，這種危險可能會對自己造成傷害或者危機，然後馬上就要採取行動，在行動之前從內心啟動的一種緊張的、不愉快的情緒狀態。這種憤怒的情緒，能夠帶來一股我們解決問題所需要的能量。遷怒就不同了。遷怒是屬於人格上的問題。憤怒是自我保護，遷怒是真正地攻擊他人。遷怒者自己推卸責任，逃避，還要掩飾，還要對別人攻擊。家庭暴力中，打人者往往就是在遷怒。

怎樣面對家庭暴力

面對家庭暴力，一定不能不反抗。女性在面對家庭暴力時，首先在氣勢上要掌握好，要讓對方感覺到妳根本不怕他，要勇敢地反抗，他就再也不敢打妳了。從自我人格上來看，妳氣勢強了，妳扮演的就是「母親」角色。他在想對妳動手時，有一種是「父親」角色想遷怒「內在小女孩」的情況，妳在意識到他要動手時，瞬間切換到「母親」角色，內在升起強大的心理力量，他就瞬間「破功」了，失去那股衝動了。另一種是「內在小男孩」遷怒「母親」的情況，那麼，身為「母親」就要強勢，而不是被「兒子」控制，這就是妻子自我保護的出路。其次就是跑，跑到他找不到妳。千萬不要忍耐，越忍耐，男人的暴力越會更上一層樓；越忍耐，越容易得憂鬱症。

也有人說，「我打他，他更要來打我」。那是因為他感受到妳心裡害怕的氣息。如果對方是邊緣性人格障礙，這種人是有心理疾病的。所以，對於這樣的人，必須要離開他。

被動攻擊型人格障礙

在家庭暴力中，還有一部分受害者，有被動攻擊型人格障礙。

一個人故意做出一些行為，讓對方受不了，對方就對她動手。結束之後，她一臉地委屈說：「我做錯什麼了？」她還要告狀，到處給別人看，表達自己很委屈。這就是被動攻擊型人格障礙。

所以，我們不能光說施暴者還要說被施暴者，那些真正長期被打的人一定是有問題的。有一種人屬於堅決不與你合作的類型，他永遠不愛你，不疼你，不對你好，永遠也不向你妥協。被動攻擊型人格障礙個體就採取軟對抗，就是要激起那個攻擊型人格障礙個體的攻擊性，讓對方氣急敗壞。

家庭冷暴力改善之道

繼續回到高女士的故事中來，談談他們的解決之道。假設這位丈夫的媽媽和奶奶在婚姻中都是被家庭排斥的，所以他

是一個低自尊的孩子，他很有羞恥心，所以他的自尊心顯得很高。同時，他很敏感，情緒也不好。

如果是這樣，他其實是最可憐的，他錯失了一個很讓人惋惜的機會。這位高女士是有愛的能力的，因為她的家裡都是互相包容、互相給予的。照理來說，這位女婿進到這個家裡，再加上高女士的父母對他很重視、很尊重，是可以幫助他成長的。但是，高女士沒有發現這一點。

她如果可以早一點學習心理學，如果她一開始就比較了解自己的丈夫，了解他敏感，了解在他的家族裡，每一代的丈夫對家裡的妻子都不好（這是假設）。那麼，她對他首先要接受，然後想辦法溫暖他，讓他知道自己是被愛的。我有一位學員，在寫感恩拜訪信時，就是寫給岳母的。他說：「從小到大，我都不相信這個世界上會有對別人好的人，無緣無故地，我就是覺得人和人之間都是利益關係。但是，我跟妻子結婚之後，我就發現我的岳母每一次來到我家裡，就是無怨無悔、無條件地幫助我們，打掃環境、做各種家事，走的時候還要把所有的垃圾都倒完，廚房、洗手間都打掃乾淨。有時候還生著病也來幫我們做家務。因為我這位岳母，我改變了對人的看法。她讓我覺得，這個世界上還是有人能夠愛別人的。」這位學員成長在一個冰冷的家庭裡，一個彼此之間相互不夠關心的家庭。他的岳母改變了他。高女士的丈夫身上也有這位學員的影子，沒有嘗過

人世間的溫暖。他小時候可能看著媽媽被爸爸打，被欺負，被排斥，也可能是奶奶。

所以在這樣的家庭中成長的高女士的丈夫，在未來是不會對老婆好的。這是文化遺傳、代系傳遞。高女士如果早早地知道這一點，就能了解他，就能夠接納他，接著，就可以適當地去影響他，告訴他：「我是你的妻子，是陪你向前走的人，你要愛我、疼我。我是你孩子的媽媽，我過得開心，你的孩子就會健康成長。」就可以慢慢地引導他。

高女士需要和她丈夫談心、溝通，而不是跑回娘家。其實丈夫不是對她不好，是丈夫做了正常的表現。為什麼這種是正常的表現呢？那是他這種人格和成長經歷之下的正常表現，但對於婚姻來說就不正常。那是他自己最原生態的一種狀態展現，包括他對自己的家人，對外人，他會展現出一種社會化的責任感。面對真正的外人，他會表現得很得體。越是自己人，他就越是傷害，因為這是他表達愛的方式。

高女士認為新婚當晚沒見紅，是後來種種的重要原因。但是，過後他會不會計較，或者這件事情是不是真的會變成他的這種態度的根源，那就另當別論了。高女士對於丈夫為什麼這樣對她，沒有好好地尋找原因。她認為的理由，都不是真正的原因。真正的原因，是雙方沒有真誠地溝通，沒有真正地理解彼此的家庭文化，沒有讓對方真正地把心開啟給她看。一個誤

解就誤會了很多年，這是很可怕的。她一旦找到正確原因，解決這個問題就容易了。

保護鳳凰男的自尊心

故事中女方家境比男方優越，那麼，如果一個低自尊的男人娶了一個家境比他更差的女人，是不是就不會出現這種問題？不一定的。低自尊的男人即便和低自尊的女人結婚，也可能一樣會出現家庭冷暴力，因為這個男人暴力的來源是他自己內在的無力感。

針對這個問題，我們來談談「孔雀女」和「鳳凰男」。出身低的男孩子考上大學了，跟家世較好的女孩子戀愛了，兩個人結婚之後，男方的親戚就來投靠男孩子，讓他們夫妻或女方家庭幫忙解決自己的問題。為什麼有的家世較好的女孩子會喜歡出身較低的男孩子？因為出身較低的男孩帶來的質樸氣息，是她從來沒有感受過的。

戀愛的時候，他會講很多故事給她聽，可能他的一些經歷在她看來是勵志的，但是實際上，她在骨子裡又對這些有一點看不起，所以就會導致丈夫的自卑。在家裡，他們就會在這方面產生衝突。但是，一旦妻子在心理上的角色轉變過來的話，他們就會很幸福。但是，問題往往也是因為丈夫的自卑。如果

他一直有一種自卑感，那就不好相處了，可能妻子對他從來沒有不好，但是他自卑、他咆哮。所以，有些家庭暴力案例中，就是因為丈夫低自尊，妻子比他優越，從而引發了一系列的暴力事件。在高女士的故事裡，她就是表現出了優越，表現出自己的家境比丈夫的家境好，所以這位丈夫實際上是自卑的。

所以，妻子要照顧到丈夫的自尊心，因為妻子是準備和他走一輩子的，要引導他，要真正地去愛他，去幫助他。夫妻二人要做到彼此關愛，彼此認同，相互幫助，一家人一條心。

心理成長小技巧 ·······························

到公園裡，或者家附近，找一塊小石頭，代表未來的自己。為它取一個名字，然後放在掌心，仔細欣賞它，感受它的紋理、色澤、質地，感受自己的內心。

然後，在一張 A4 紙上，寫一封信給這顆小石頭。格式為：

親愛的 ×××（你為小石頭取的名字）：你好！

你是未來的我，此刻，我在……（地方）寫一封信給你。

……

署名

×××× 年 ×× 月 ×× 日

161

參考文獻

1. ［美］羅蘭‧米勒（Rowland S. Miller）、丹尼爾‧珀爾曼（Daniel Perlman）《親密關係》（*Intimate Relationship*）。

2. 楊鑫輝《什麼是真正的心理學 [M]》。

3. 韋志中《團體心理學：本會團體心理諮商模式理論與實踐》。

4. ［美］蘭迪‧拉森（Randy Larsen）、戴維‧巴斯（David Buss）《文化與人格》（*Personality Psychology*）。

5. 鍾年《心理學與文化研究》。

6. ［奧］阿爾弗雷德‧阿德勒（Alfred Adler）《自卑與超越》（*What Life Could Mean to You*）。

7. ［美］蘭迪‧拉森、戴維‧巴斯《人格障礙與調適》（*Personality Psychology*）。

8. 許建陽〈形成攻擊型人格的內外因素〉。

9. 柳娜《家庭暴力中嚴重軀體施暴行為的代際傳襲》。

10. ［美］Jerry M. Burger《人格心理學》（*Introduction to Personality*）（第八版）。

第十二章
婚姻危機處理

　　我們在經營婚姻的過程中，難免會出現一些問題。

　　每個人在一生中都會遇到一些困難和挫折。關鍵的問題，不是你遇到了什麼挫折，是你遇到挫折之後，你怎樣面對和處理。無論是工作，還是生活，我們都要有危機處理的意識。危機處理一定要把握最佳時機。這個最佳時機往往是危機情況發生的第一時間。如果是可預料的危機，那麼在危機尚未發生之時，就要把其可能性盡可能解除。透過及時進行危機處理，我們可以最大限度地把事情的破壞性降到最低，甚至把一次危機變成一次機會，讓人生的旅程進入新的風景。

積極面對婚姻危機

　　婚姻也是一樣的。不要祈求婚姻既有幸福，又有愛情，又很和諧，而且從來不會遇見問題，那是不可能的。那麼，遇見問題了，我們怎麼去化解？不能說遇見一個問題就直接崩潰了，就認為婚姻不行了。我們得有化解問題的能力，這就是婚姻危機處理。有人說七年之癢，有人說四十不惑，還有人說空

巢期。這些不同的時期，可能都是危機期，也可能危機就是機遇。

　　往往出現困難和問題的時候，恰好就是我們可以使婚姻品質提高的時候。有的可能是另一半出軌了，自己想保護婚姻，另一半也覺得要回歸，這時候就要考驗我們的處理能力了。有的可能要打贏一場婚姻保衛戰，那麼，我們婚姻保衛戰的亮劍精神，怎麼拿出來？怎麼樣能打贏？這裡是有技巧的。有的可能是人到了一定的時候，才能從心理上開始接受不夠幸福的婚姻解體。所以，在這過程中就可能要面臨一些選擇，進行一些處理和化解。這些都是婚姻危機的應對和處理。

愛情與滿意

　　據愛情心理學研究發現，自尊水準與熱情型風格的愛情成正比，兩個人之間熱情程度越高意味著雙方自尊水準越高；自尊水準與占有型風格成反比，越自私、依賴性越強的愛意味著自尊水準越低。熱情之愛在所有種族中對於夫妻雙方的婚姻滿意度都是最一致的預測因素。而一個人對伴侶的尊重程度，在預測關係的滿意度上僅次於熱情之愛。研究者們發現，尊重是婚姻品質的一致因素。一份成熟的愛情以相互尊重為基本特徵之一。

　　因此，提升自尊水準，保護夫妻雙方的自尊，彼此相互尊重，是非常利於保護婚姻的。同時，在打擊第三者時，自尊也是一個重要的工作切入點。當第三者心理優勢降低，其自尊水準會受到干擾。這時，出軌的伴侶和第三者之間就不再是熱情又浪漫，而是會讓第三者暴露出自私或依賴，那麼，二人之間的熱情程度會迅速降低，關係滿意度也會迅速降低。

　　在愛情風格與關係滿意度的研究中還發現，積極的愛是關係滿意度的積極預測因素之一。加州大學的兩位教授開發了「正向家庭治療」，與其他類型家庭治療的不同之處在於，把工作重點放在家人的目標、對未來的看法、個性優勢、資源、韌性上，而不是放在對問題、過去的看法、局限、短缺和脆弱上，其目的是幫助家庭以增進幸福的方式到達目標。

如何應對「平淡」危機

　　有一位設計師李先生，很愛品茶。他和妻子就相識在著名的茶鄉。

　　女方長相清麗，性格開朗，大學讀中文系。他們在茶鄉之旅後聯繫越來越多，漸漸成了一對令人羨慕的情侶。畢業兩年後，他們在老家結了婚。都愛品茶的他們，在家裡精心設計了一間清雅的茶室。兩人經常一起坐在茶室裡喝喝茶、聊聊天。

結婚三年後，他們一起來到都市工作，他們依然盡情享受著泡茶的樂趣。第二年，他們在都市買了第一間房子，後來又生了女兒，日子越過越幸福。女兒六歲時，他們買了一間將近60坪的小透天，也設計了一間茶室。他們常邀朋友來家裡做客，一起陶醉在滿室茶香中。

　　喝茶喝久了，李先生漸漸非濃茶不喝。他常常熬夜做設計，喝濃茶提神效果很好，而妻子還是喜歡喝淡淡的綠茶。兩人一起泡茶的時間少了，喝茶也常常產生不了共鳴了。

　　後來，李先生父親因病過世，母親身體也漸漸變差。這讓他很內疚。這麼多年，忙著賺錢，忙著孩子，對父母盡孝太少。李先生的母親有時會來他們家居住，但她和兒媳也沒有多少共同語言，更多還是一個人回到老家去住。

　　李先生覺得，如今的生活條件比以前好了太多，但越來越像白開水一樣淡而無味。雖然外面有一些誘惑，但是李先生並不為之所動。他覺得自己還是愛妻子，只是早已轉化為親情了。他還是經常會想起當年和妻子相識時喝的那杯清雅的白茶，還希望能夠找回那時回味無窮的甘美味道。

　　生活中，像李先生這樣的人也是不少的。他在大學的時候，追到了自己喜歡的人，追到了自己的愛情。但是，愛情不能長期保鮮，又不能夠隨意換人，所以考驗他的時候就到了。接下來，婚姻該如何去經營呢？

顯然，李先生是像許多一部分人一樣，不接受、不願意人生接下來的這一段時光平淡無奇。我想，比起社會上有一些到了三、四十歲就把自己放棄了的婚姻中的男女來說，他還是有自己的幸福追求的。我經常會說，婚姻中的男人和女人，尤其是女性，過早地把放棄了自己。追到愛情了，然後就結婚、生小孩，把小孩養到十幾歲，這時候時間屬於自己了，而自己其實已經把自己放棄了。李先生沒有把自己放棄。

說白了，比起在婚姻裡沒過幾天好日子的人，李先生還過了很長時間的好日子。正是因為他過了這些好日子，體會到了兩性關係的美好，所以他現在更渴望還擁有原來那種美好，或者還想要再超越那種美好，這恰好是一個機遇。有這樣一個案例：夫妻結婚很多年，孩子十多歲時，兩個人之間感情淡漠下來了，這時，孩子生病得了精神疾病。夫妻倆就帶孩子去治療。家庭治療醫生為他們提出了建議，其中有一項工作，就是讓他們重建蜜月期。結果，藉助孩子的治療過程，他們又重新回到了原來的情感狀態。

所以，從這個角度來說，愛情不能只是屬於年輕的時候，愛情應該屬於一輩子。只要你沒有離開這個世界，你都可以擁有愛情。正在閱讀此書的你，一定要帶著這份美好的願望。故事中的李先生就是在追求這份美好。

平淡是一種婚姻危機，要怎麼去應對？李先生就經常和妻

子實施一些計畫。比如，兩個人可以一起去寫生畫風景，一起去重遊故地，一起去讀書探討一個生活主題，一起去做一件溫暖又有意義的事情，這些都是可以去實現的。只要兩個人商量好，去實施就可以了。在實施過程中，兩個人一起再次去感受生活的美好和意義，雙方的熱情和親密都會被喚醒。

如何應對「出軌」危機

我們在婚姻危機處理中，不只是平淡這一種危機，我們還要討論另一種危機 ──「出軌」危機。

如果在這個家裡，丈夫出軌了，妻子要保衛婚姻，該怎麼保衛？如果丈夫也想回歸，但是自己無能為力。妻子是肯定要努力地保護自己的婚姻的，在這種情況下，該怎麼去進行？

人一旦出軌，往往會感覺到外面是很好的，會有一個蜜月期。然後，往往是「三、六、九」，或三個月，或六個月，或九個月，雙方的關係就會像秋蟲一樣死掉了。但是，往往是因為他覺得刺激，如果有人追，有人打，有人找，有人躲，他和第三者的關係時間會延長。如果是自然發展，就不會很長。在婚姻中有婚外情的時候，往往越追越查，出軌一方就越覺得刺激，他出軌時間就越長，最後說不定還真成了。如果你不理他的話，過了一段時間他就覺得沒意思了。

　　我曾經諮商過一個案例，指導過一位女士。第一招就教她用了一個「噁心法」。就是不去質問丈夫，而是寫一封長長的描述跟丈夫戀愛經歷的信件，寄給第三者。因為，在第三者看來，這個男人肯定跟妻子沒感情，所以才和她在一起。妻子就在信中，把當初和丈夫相識相知相愛的過程，全都詳細地寫下來，寄給第三者，她是一定會看的。

　　接著就開啟「圍困戰術」模式，就是盡量切斷老公和第三者之間的聯繫。如果切不斷就先不切，但是一定不要鬧。把自己的情緒穩定下來，想發洩就哭，有委屈、有憤怒就去做心理諮商，等情緒宣洩差不多了，就開始做計劃。

　　不要團結孩子和公公婆婆讓他們一起去修理這個男人。如果還想要婚姻的話，你就不能去激怒他。人要有一塊遮羞布，也許他的父母還有孩子對他出軌的事情都還不知道。女人最可怕的處理方法，就是先讓這些人知道。女人以為讓這些人知道，心裡就有了靠山、有了力量、有了幫手，就覺得自己有把握了，覺得自己在孤獨無援的情況下就有支持了。但是如果這樣的話，他就會被得狗急跳牆，到最後可能就乾脆撕開了面具。所以，妻子一定要讓他接著「裝」，要捧著他，讓家裡人都知道他好，先把他穩住，這是「圍堵」。

　　接下來就是要「斷援」，當第三者被妻子騷擾了，她就會說他：「你別再跟我裝蒜了，你老婆寫信給我了，你就說你什麼時

候能跟我在一起吧，你到底要我還是要她？」最後就變成了不是老婆逼他，而是第三者逼他。誰逼他，他跟誰翻臉。男人都是這樣的，一逼他，他就急，誰逼得急，他跟誰翻臉。第三者老是逼，兩人就開始產生嫌隙，就會從原來的蜜月期變成吵架了。尤其是想到他妻子的那封信，尤其是他在他父母和孩子面前還在「裝」著，第三者就沉不住氣了，就會開始鬧。慢慢地，男人就開始思考，這日子過得有什麼意思呢？他原來想要離婚的念頭就收回來了。

但是，這種戰役往往敗在哪裡呢？如果妻子情緒不穩定，就會功虧一簣。她突然忍不住了，大罵一場，甚至鬧到丈夫公司去，把事情搞得盡人皆知，他就乾脆不裝了。所以，要保護你想保護的這個人的面子。

丈夫出軌，對於女性來說，是一個哀傷事件。她一旦有情緒問題，來進行心理輔導時，我們就對她採用哀傷處理法，然後，她又可以神清氣爽地開始了。過兩天她情緒又有問題了，就再來輔導，這需要一個過程。有的人不知道尋求心理輔導，在處理感情糾紛時就很難控制情緒。

等「圍困戰術」成功，婚姻保衛戰結束，就要請妻子帶著丈夫一起來做夫妻輔導，把過去的創傷處理掉，重新建立未來的夫妻關係。這裡有很多重要的心理輔導工作內容，所以要盡可能地把丈夫帶過來做夫妻諮商，只有這樣，婚姻危機處理的效

果才算真正達到。

　　婚姻保衛戰，很多時候不是打不贏，而是在過程中搞砸了。我指導的這位女士就成功了，效果很好。所以，危機處理，要進入「處理」，而不是讓自己耽溺於「危機」。

重視親密關係品質

　　對於平淡的危機化解，對於出軌的危機化解，都是在人到中年、四十不惑的時候往往要學的。尤其是平淡的危機化解，很重要。

　　今天，人們已經普遍從追求物質以獲得幸福感的層面，發展到追求精神自我的層面了。婚姻中的親密關係，恰恰是幸福的主要來源。正向心理學家賽里格曼先生提出幸福的五個核心元素，分別是正向情緒、全心投入、正向人際、生命意義和成就感。在良好的人際關係中，親密關係是很核心的內容，往往先醒悟的人先行。

　　比如，在做婚姻團體輔導時，我創造了一個技術叫「甜言蜜語」。大家來上課時的就在嘴上抹上蜜，回家時也都抹上，回家以後就要說點好聽的話，叫「開口有益」。伸手不打笑臉人。這對於正向婚姻關係的建立是很重要的。有位線上課學員分享了她的故事：

我跟我老公相互之間的責任感很強，一直以來，我們的婚姻也很穩定。但是，因為孩子的問題，我覺得我們的婚姻出現了一些狀況。在比較嚴重的那一年，我們經常相互指責。尤其是我，總是指責他不上進，說他從來不看教育方面的書。雖然我之前因一些不當的言行傷害了孩子，但是我總是在想辦法，總是在找解決的方法。

　　一直這樣互相指責，孩子又這個狀態，我們其實有一段時間就都覺得沒意思。感覺活著沒意思，比較絕望。雖然都沒提離婚，但是都覺得不想回家了。

　　當時我們也做了心理諮商，那些心理諮商本來應該是解決孩子的問題的，卻讓我明白了自己的問題，所以就沒再讓孩子去。我雖然知道了道理，但是體會不到，所以問題還是存在。後來，線上課開學了，我就天天聽課。開始我還抱怨老公說，人家老公都能和老婆一起聽線上課程，而我只要一提心理學你就很反感，就從來不願意聽！

　　但是，隨著聽課越來越多，我就不再去指責他了。我覺得他有他的方法，可能如果全部按他的教育方法，孩子也會成長得很好。我覺得我應該接納他，所以就慢慢地不再指責他，而且也不太管家裡的事了，就天天安心學習。以前，家裡他什麼都不管。後來，他也參與了一些事情。再後來，我覺得慢慢地又改善了很多，家裡的氛圍就好了很多。

　　接著，我們又安排了一次旅遊。以前，我總是說他有一大堆的缺點：什麼都不管，做什麼都不用心，如何如何……結果，那一次我什麼都沒管，發現人家處理得還可以，天天想著買票，安排去處，所以我也就不停地表揚他。他自己也很得意，說：「妳看看我不是做得很好？哪次讓妳趕不上火車或是遲到？」

　　我覺得在線上課程的學習，讓我切切實實地發生了改變，也改變了我的家庭。雖然，孩子的問題還存在，但是我也感受到了孩子的變化，我感覺到他有了一些責任感，也和我有了一些情感上的互動。我覺得自己還是要再繼續學習下去。我是想說，婚姻危機可能會變成一個機遇，因為我感覺現在跟我老公好像又重新開始了，兩個人都重新去認識對方了。

建構幸福婚姻家庭 ·······························

　　這個故事告訴我們，夫妻相處的關鍵就是兩個字：尊重。接納對方，看見對方，認同對方，這都是尊重。所以，我說婚姻家庭中夫妻的正向心理優勢就是尊重、寬容、忍耐、創新、變化。我們新出的「正向婚姻家庭治療模式」，就是針對所有健康家庭的輔導模式。

　　所以，這位學員接下來就需要繼續提升對彼此的尊重。這

是經營夫妻關係的正向心理優勢，一旦有了，在家庭互動中展現出來了，逐漸其好處就發揮出來了，對方一定會好的。人的生命，越賦予其光彩，就越有光彩；越是打擊，就越容易走下坡路。所以，夫妻之間一定要為彼此鍍金，給彼此陽光和雨露。所以，正在閱讀此書的你，當你讀到這裡，一定要行動，思考一下伴侶所具備的正向優勢，去讚揚伴侶，要勇於向伴侶表達愛意。如果自己有一些做得不恰當的地方，一定要向對方道歉，要有慚愧之心。這些一定要做，特別有用，因為這些可以讓我們的內心慢慢地恢復，讓彼此產生愛的流動。

平淡了，我們就來第二次親密之旅，重建蜜月期。有危機了，我們就把它轉換成機遇，讓我們的婚姻變得更好。如果遇到了巨大的風浪，我們來一場狹路相逢勇者勝，好好地保衛自己的愛情，保衛自己的幸福。

我們對幸福家庭的捍衛，就是對我們幸福人生的捍衛。對我們自己的情感的捍衛，一定要投入。大家要轉變思想，追求幸福，追求精神生活的品質，追求良好的關係。生活中的險灘慢慢地就走過了，這就是心理成長的過程。

正在閱讀此書的你，想一想，自己的婚姻有多少年了？有的五年以內，有的十年以內，有的十多年了，有的二十年了。我們的年齡也不同，二十歲、三十歲、四十歲、五十歲、六十歲……在不同的年齡階段，我們都可以為自己的婚姻、為自己

的幸福、為人生的和諧美好去做一點事情，只要肯做，絕對是有用的。我們要停止婚姻中的指責、逃避、攻擊等，做一些對婚姻有益的正向行動。

心理成長小技巧

發現伴侶身上的至少五個正面優點，然後告訴伴侶。

參考文獻

1. [美] 羅伯特 · J. 史坦伯格（R.J. Sternberg），凱琳 · 史坦伯格（Karin Sternberg）《愛情心理學》（*The New Psychology of Love*）。

2. [愛爾蘭] Alan Carr《積極心理學》（*Positive Psychology*）。

3. [美] 馬丁 · 賽里格曼（Martin E. P. Seligman）《持續的幸福》（*Flourish*）。

第十三章
甜言蜜語：兩性關係的溝通方法

　　既然兩性之間是親密又浪漫的關係，就必然要掌握維護關係的溝通藝術。

　　在和另一半的溝通中，首先要注意遵循平等、尊重、彼此關懷的原則。兩性關係的溝通過程，也是對彼此的認識過程，是重要的資訊交流過程，要經歷感知和思維加工兩個階段，才能做到對彼此知其然、知其所以然。兩個人之間的愛、尊重、理解、接納、寬容、支持、欣賞等，都需要透過溝通來表達。兩個人在生活中的點滴感受、思想、人生目標等，也都需要對彼此進行及時的分享。在兩性關係中，與情境相符合的自我表露能夠增進彼此的喜愛和對關係的滿意度。兩個人在說話時，擁有只有彼此能聽懂的暗號和比喻用語，更是關係幸福美滿的象徵。兩個人之間相互有感知、有懂得，對關係有思考、有昇華，才會讓親密關係保持健康、穩固。

夫妻問題的三個層面 ·····························

　　我們要清楚的是，夫妻之間，溝通很重要，但是溝通背後的層面，同樣值得關注。我們在探究夫妻之間怎樣溝通之前，也要先來看一看溝通背後的心理層面。

　　以往，夫妻之間一旦發生問題，人們普遍會覺得是他們溝通的問題，往往會從溝通層面去做輔導。但溝通只是表面的，有的問題可能不是兩個人溝通方法的問題，而是兩個人性格的問題。性格如果不完整、不健康，即使溝通方法再好，技巧再高，也不能解決具體問題。

　　再進一步看，就會發現也不是性格的問題。一個人為什麼持有這樣的行為，是靠他的心理活動支配的。因為在心理學的研究中，包括行為和心理活動體驗之間的關係。每個人的行為，都是由外部的刺激和內部的刺激決定的。外部有了刺激，人就會產生一種心理體驗，有了這種體驗，人就會產生一種行為。內部刺激也是這樣。比如，一個人喊「好痛」，背後就是因為他有心理體驗，這種體驗就來自內部刺激。內部的刺激加上外部的刺激，引發心理體驗，然後人就會做出一定的行為。

　　我們一般認為一個人之所以會做出這樣的行為，與他的性格有關，與他的心理體驗有關。但是，這只是一個層面，更深的層面是，他擁有怎樣的價值觀，決定了他的行為。就像我們

說，如果一個從骨子裡認為人不能低頭的人，他在行為上就不會向別人低頭。如果一個從骨子裡就認為女人就是要等著別人來追的人，那麼她在跟任何人的戀愛相處中，都不會主動地去追求對方。

那麼，她為什麼會形成「女人一定要等著別人追」這樣的價值觀呢？這就是文化的因素在發揮作用，就是她成長的歷程決定的。為什麼有些人不會輕易向別人低頭？就是因為他們的自尊，他們的自尊就是他們的價值觀來源。自尊是性格，是個性的一種表現，但是，這種個性背後，往往就是受到他們原來的成長經歷裡文化環境的影響。

所以，我們從三個層面來看，當夫妻之間有了問題，一般的心理諮商師就會把它當成溝通的問題，有臨床經驗、有深度的心理諮商和心理治療背景的老師，就會把它看成個性的問題，而不是關係的問題。從更深的層面來講，就是文化的問題。

然而，不是所有的夫妻問題都是因為文化因素的影響。如果文化上彼此很認同，沒有問題，那麼就要看是不是個性的問題。如果個性也沒有問題，那就是淺層面的問題了，也就是技巧問題。說白了，有的人就是不會說話。他人格很健全，但是他不會說話。

建立夫妻間溝通的快樂 ·········

不會說話的人有很多類型，有的人說得多，有的人說得少，有的人說不到重點上，有的人說的話容易傷人⋯⋯這些都是不會說話。

我們在講到愛情心理學時，對於夫妻的問題，要從這三個層面來看。我們在前面的章節談到「一張床，六個人」，講的是雙方原生家庭文化的衝突與融合；「六個人，一張床」，講的是雙方人格自我的三個角色搭配；「一個人，六張床」，講的是一個人的歷史文化。這三篇「床」系列講的都是在第二層面和第三層面。那麼，關於第一層面 —— 兩性關係中的溝通，我們在本章中就好好地談一談。

有一位葉女士和老公在大學時相識。他們都來自鄉下地方，家境比較貧困，全靠自己奮鬥考上大學。當同學都出去消費時，他們就選擇泡在圖書館。漸漸地，兩個人萌生了感情。他向她表白時，一臉真誠地說，自己沒有錢，但是一定會努力，並且會永遠愛她。雖然父母反對，但葉女士依然堅持說服了父母，和他在一起。

畢業前，學校要選一個成績最好的留在學校就業。葉女士成績最好，男友第二。但是葉女士選擇了放棄，把機會讓給了男友。在她看來，事業對於男人來說更為重要。葉女士最後在

這座城市遠郊的一所學校任教。

　　剛畢業時，他們生活非常艱苦。男友的哥哥得了重病，幾乎花光了他每個月的薪水。葉女士為了幫他哥哥治病，每天下班後跑很遠的路去多打一份工。男友邊工作邊讀研究所，也非常辛苦。他們常常一個月才見一次面，見面後也僅僅是找個僻靜處坐一坐，聊聊天。但葉女士只要想到有男友的愛情，心裡也有一絲絲甜甜的感覺。

　　後來，男友上班的單位分配了一間小房子給他，他們終於結婚了。新房裡只有一張床是新的，其他都是舊物。婚後，因為公司離家很遠，要轉好幾次車，葉女士每天不到五點就起床，常常深夜才回到家，每天睡眠都不夠。丈夫也是每天早出晚歸。夫妻倆就這樣過了三年。

　　後來，葉女士生了孩子，媽媽過來幫忙，一家四口擠在這間小房子裡。丈夫工作忙，回家也比較晚，兩個人能說話的時間很少。但家裡有了活潑可愛的兒子，每天都是笑聲不斷。

　　又過了八九年，日子漸漸好起來。丈夫讀完博士，升遷了，換到一間大房子。葉女士也調到了市中心的國中。葉女士一直都認為，和丈夫經歷了這麼多的磨難才走到一起，彼此都會珍惜如今的好時光。可是想不到的是，走過艱難，迎來的卻是丈夫的出軌。

　　丈夫說：「我們的生活太平淡，太缺少熱情，每天除了工

作就是柴米油鹽，而那個女人給了我久違的熱情。」丈夫說，如果葉女士要離婚，他會同意。如果她不願意離婚，他也不會逼她，因為畢竟在一起這麼多年，他對這個家有責任。

後來，第三者懷孕了，打電話給葉女士讓她退出。丈夫說：「如果妳不想離婚，我可以給她一筆錢，讓她把孩子拿掉，離開這個城市。」面對這種情況，葉女士不知道該怎麼辦。她並不想失去婚姻，可是心裡很痛苦。

這個故事中，雖然他們之間不只是溝通層面的問題，但在這位丈夫出軌的問題背後，其實就是兩個人沒有話說。夫妻兩個人說話、溝通，其實就是心與心的交流。

當初有話說，現在沒話說了。其實當初也不是無話不談，這一段感情，這一段婚姻，從一開始就是按部就班地進行。當然，大多數人的婚姻都是按部就班的，但是，在這樣的按部就班中，他們並沒有形成夫妻兩個人之間溝通的一種快樂。

重視深層次的心靈溝通 ……………………………

所以，我們在這裡不僅要談怎樣溝通，也要延伸一下，談一談怎麼樣進行深層次的心靈溝通，如何能讓對方覺得跟你在一起很有趣。

很多年輕人評判朋友關係、戀愛關係，就是看有不有趣。

其實，這種有趣或不有趣的感受，也是要透過溝通來彼此感知的。對方會不會說話，願不願意跟你說話，你願不願意聽他說，這些都是要注意的。找一個能說得上話的人是很難的。這位丈夫所說的沒有熱情、生活平淡，實際上就是跟妻子沒有話聊了。結婚後，妻子在忙著照顧小孩，忙著工作，忙著打理所有的家務。這些忙碌緊張的生活現實是對女人的為難，葉女士就難在這裡。丈夫需要一個知己，需要一個溝通交流的對象，葉女士把這塊領的忽略了。這塊領的是心靈的花園，被別人闖了進來，種上了花。這就是問題所在。

有問題及時求助心理諮商

如果從婚姻的角度去評價，她丈夫是不願意離婚而且願意去妥善處理這件事的，也就是說，這是他們婚姻的一次危機。如果兩個人都願意去化解的話，透過婚姻輔導是可以去化解的。關鍵是，他們會不會去做婚姻輔導？現實生活中，有很多家庭在真正遇到衝突、遇到困難的時候，都不會尋求心理諮商師的幫助。像葉女士這種情況，去找一個好的婚姻家庭心理諮商師做輔導，是可以從危機中走出來的，也可能還會使他們的婚姻煥發新的生機，因為他們兩個人都有意願想去改善。

如果不去做這樣的正向處理，那麼接下來可能就會有三種

走向。第一種走向是繼續拖延，拖到那個女孩把小孩生下來，或者流產，然後丈夫與其繼續保持關係。第二種走向是丈夫與第三者的關係斷了，他們夫妻之間的感情並沒有恢復。創傷繼續留在葉女士心裡，丈夫繼續在這種關係中為難，兩個人繼續這樣有隔閡地生活下去。第三種走向是離婚。離婚也可能會走向兩個方向。一個方向是把過去的創傷修復，這就有兩種情況，一種情況是找到了一個好的人，可以愛自己，就告別過去了；另一種情況就是主動地去尋求諮商師的幫助，或者是自我成長，成長好了，就告別過去了。這兩種方式可以告別過去。告別過去的人，還可以有未來。還有一種方向是沒有告別過去，就是雖然離婚了，但是還在守著原來的「心理裂痕」和原來的問題，繼續成為一個不開心的人，覺得命運對自己不公，這種情況就沒有幸福可言。

所以，這個案例也讓我們看到，在愛情、婚姻、家庭中，其實只要有一個危機沒有處理好，後面就會看到親密關係的品質持續不斷地下降。

積極處理化解問題

上一章中，我談到婚姻危機處理。在這裡，我們透過這個案例也看到，不處理，或者處理得不好，不積極主動地去處

理，最後都是壞結果。處理好了，就會讓情況變得正向。比如說，透過危機處理，化解掉這位丈夫對妻子的內疚感，化解掉他對情人的自責感和內疚感，讓他能夠去做一個堅決而正向的行為：既然不能離婚，也不能娶人家，那麼，正向的行為就是了斷。

外面的關係切斷之後，妻子就要處理因為丈夫的背叛而帶來的心理創傷。這要做很長一段時間的夫妻諮商和個人成長，讓兩個人重建溝通，這可能需要幾年時間來做修復的工程。就像修房子一樣，需要一個大工程來好好地修繕，但是修好之後，這座房子還是依然堅固、美觀。有很多人在這種情況下慌不擇路，為了逃避眼前的痛苦，就選擇了離婚。但是即使逃避，現實的困難和問題並沒有得到面對和解決，就再也回不去了。

這個案例的分析演變就是這樣。所以，正在閱讀此書的讀者朋友們，如果你是一位心理諮商師或是一位婚姻諮商師的話，你遇到案例的時候，就可以這樣給他們一個綜合的建議，然後具體深度地去解決。如果你本身是一個經歷者，事件是已經過去了，但實際上心理的影響依然存在，那就還要做一些修復的工作。如果正在發生，那你就按照我說的這樣來做。這些都是值得投入的。做輔導並不是說輔導老師的幫助才是有意義的，而是你理解並行動了，這才是有意義的。你行動了，這表示你沒有放棄自己，在主動自救。所以，輔導老師要對每一個

來訪者都這樣說：「我非常相信你能夠走出來。」因為，你來了，不是老師有多厲害，而是你沒有放棄自己。並且很多人實際上都是在心理諮商的過程中自己療癒的。

所以，不能逃避這個問題，並且要正向地處理創傷。

夫妻溝通首先要跳出自我

以上這些說清楚了，我們再回到溝通的話題。在男女兩性關係中，溝通要注意一些什麼？最忌諱的是什麼？

其實，我們的婚姻，無論怎樣防患於未然，到了一定的時候，一定的階段，都會「出事」。可能是感情冷淡，可能是出軌，可能是爭吵，也可能是沉默，總之，或多或少都會出點狀況。

我們的思維不應該停在不要讓問題發生上，而是要放在時時地去維護上。夫妻之間的溝通也是如此，不是說確定戀愛關係了，走進婚姻了，就一勞永逸了，要時時地維護親密關係。很多人會抱怨自己並沒做什麼，某件事情就發生了，其實事情總是會發生的，要有這樣的認知：危機一定會發生，問題總是會出現。

當出現問題時，在溝通方式上，人和人是不一樣的。有的人是事情發生了，一定要說清楚講明白，要有個結果，沒有個結果今天就不罷休。有的人暫時不想有個結果，因為不想吵，

寧願先冷一冷，靜一靜。其實，他們都是站在自己的感受裡走不出來。我們要把自己從自己的感受裡拔出來，站在另一個地方看，世界就會不同。這在溝通中，在心理諮商中，叫設身處地，是共情的本質。所以，跳出自我是最重要的。我們做心理輔導，就是在想盡一切辦法把這個人從現場拉出來，讓他站在一個高處來看。薩提爾（Virginia Satir）的家庭治療，會讓當事人看家庭雕塑，就是把當事人假設為「局外人」，把情境重現給當事人看，讓當事人重新回到過去並感受。心理劇會把過去的故事演出來，讓當事人看並再次感受。海靈格（Bert Hellinger）的家族排列，會把家庭成員內部流動的文化動力展現出來，排列出來。這些都是內部的文化動力，要展現出來才能看到。各大流派的心理治療所產生的家庭治療方式，都圍繞著讓當事人跳出來。所以，溝通離不開跳出自我。

當我們在兩性關係的溝通中，能夠跳出自我，就能夠真正地傾聽到對方，就能夠真正地尊重對方、理解對方、接納對方、支持對方，讓彼此的親密程度越來越深。

夫妻溝通的「四不、一描述」原則 ⋯⋯⋯⋯⋯⋯

溝通要看三個層次，溝通在表層，其背後是人格，人格背後是文化。所以，我們在這裡提出來夫妻溝通中的四不原則：

不分析，不解釋，不建議，不總結。

不分析。分析是最糟糕的。你一分析，好像就是你對，給對方的感覺就是自己不對或是不行。對方就會感到惱火。

不解釋。夫妻溝通過程中，最令人反感的就是「解釋」。尤其是爭吵的時候，你只要一解釋，給對方的感覺就是你沒做錯。

不能接納自己也有可能會犯錯誤，這本身就是問題了。所以，不要解釋。

不建議。你一建議，就顯得好像你比對方高明。這樣也會讓對方心裡不舒服。

不總結。因為都是上司做總結。你一總結，好像在家裡你是上司，而對方可不一定情願。

這些溝通方式都是不行的。

那麼，我們還能說什麼呢？有一個很管用的溝通技術，就是「描述」。比如：「我現在心裡很難受，我出汗了……」描述發生的真實的情況。又比如，「我聽到你剛才說的這句話，你說……」就把對方說的話原樣描述一遍。描述也是能宣洩的，比分析、解釋、建議、總結都更具有宣洩的效果。那些分析、解釋、建議、總結，越說問題越大，對方也就越糟糕。你運用描述反而能更好地表達，描述對方說的話，描述發生的事，描述你自己的感受。描述也是有技巧的，描述感受的時候要說自己。我們在做心理劇演出感受時，就要求現場分享的人，除了

描述之外，任何的分享都不允許。不能說別人，只能說自己，這是第一條原則。不能說道理，只能說感受。不能講別人的故事，只能講自己的故事。本會團體心理諮商模式有一個「照相機」技巧，客觀、真實地描述個人看到的場景，而不帶有個人的任何加工，就是屬於描述技巧。

為什麼描述對於夫妻溝通能夠造成很好的作用呢？因為，夫妻溝通需要彼此尊重。尊重對方，就意味著允許對方有自己的感受。當我們運用描述時，就不摻雜我們自己的任何加工，而是將環境、事件、人物關係、自己的感受、對方說的話等真實地呈現出來，這樣對方就可以從我們的描述中產生自己的感受，而不受我們的干擾。描述是把人們帶進此時此地的一種方法，我們就不會把他時此地、此時他地、他時他地所產生的情緒、認知、思維等放進此時此地，這樣也利於我們跳出過去的自我，能夠充分地體會此時此地，覺察當下的環境、問題、關係、感受、心情等，也就能夠和另一半進行更有效的溝通。

夫妻溝通中的忌諱 ·····················

夫妻溝通還有一些注意事項：不要侮辱，不翻舊帳，不否定對方，不過於理性，不威脅對方。

過於理性會讓另一半瘋掉的。不要動不動就說分手，分手

就是威脅，尤其是對於那種不安全感型的人。每個人都有「小辮子」，都有「尾巴」，溝通時不是踩人家的「尾巴」就是抓人家的「小辮子」，當然不會有好的結果。「小辮子」是指一個人的人格需要完善的部分，是他成長中最羞恥的、最不願意被別人抓到的部分。「尾巴」就是一個人自己要隱藏的部分。

很多人侮辱人，通常圍繞三個方面：性、智商、祖宗。《三國演義》中的袁紹討伐曹操，當時，袁紹兵馬強壯，由他帶著諸侯去討伐曹操，他們寫了一篇聲討檄文，在打仗之前先發一份檄文到各郡，說明一下為什麼要聲討曹操，以求名正言順。陳琳在檄文中歷數曹家祖輩的罪過。曹操本來正在偏頭痛，聽此檄文，腦袋直冒汗，豆大的汗珠越來越多，把他的偏頭痛都給治好了。後來，曹操把袁紹滅了，他讓陳琳在袁紹墓前把此檄文念一遍給他聽，可見他對這件事情有多在意，因為檄文裡罵他祖宗了。

再來看智商。我們不能說別人笨，不能侮辱別人的智商，夫妻二人如果在這裡傷了，就直接傷感情了。

夫妻溝通貫徹「開心」宗旨 ·······················

日常生活中，人們需要開心，因為開心是一種積極的情緒和樂觀的態度，對身心具有保護功能，同時還具有導引功能，

能夠引導人們去關注生活中美好的層面，看到人生的有利條件，看到自己身上更多的資源，看到人生更多的希望、更多的樂趣，幫助人們釋放出內在的潛能。因此，積極的情緒和樂觀的態度，其實是一種很重要的心理能量。積極情緒也是賽里格曼提出的幸福五元素之一。如果親密關係中的兩個人，在日常生活中能夠經常正向溝通，就會產生許多的正向情緒。所以，我們要找一個讓自己開心的、會說話的人在一起。甜言蜜語，禮多人不怪，伸手不打笑臉人，「惡語傷人六月寒，良言一句三冬暖。」切記，這是親密關係溝通中最重要的地方，和伴侶說話的時候，一定要滿嘴都是油，都是蜜。

在積極婚姻家庭治療中，我們會去幫助夫妻訓練正向語言和正向行為，我們要堅定地貫徹這個宗旨。所以，葉女士的故事中，她老公說沒有熱情了，沒有意思了，這背後就是缺少夫妻之間的甜言蜜語。

這個時代，人們在渴望開心。開心就是既要有人帶給你開心，也要有自己內在的開心。我們要學會自己「騙一騙」自己，別人也要學會「騙一騙」我們，我們也要學會「騙一騙」別人。所以，為了更好地相處，大家對另一半說話嘴上一定要抹上油、抹上蜜。

正向語言，不盡是講好聽的 ······

然而，夫妻之間的正向語言，也不盡是講好聽的。有時不好聽的，比好聽的還有效果。比如，「你要再這樣下去，我不跟你在一起了！我告訴你，一點兒意思都沒有！你看一看，該吃飯的時候你不吃飯，身體壞了怎麼辦？！」這幾句話一說，對方就能夠感受到你在關心她（他）。

所以，正向語言不只是講好聽的，有時甚至是發脾氣的、是憤怒的。

好多人認為，只要我和顏悅色，那事情就會往好的方向發展。錯！有時候，你發發飆，吵吵架，講一些狠話，對方聽了會更珍惜你。比如，你講幾句狠話：「你別走！你要走了我怎麼辦？你要是敢走，你就再也別想見到我了！」其實，這時候的狠話傳達的是強烈的感情，兩性關係之間有時就需要這樣親密的狠話。

夫妻之間正向語言的核心，是傳達對彼此具有建設性的觀點，是表達真摯的愛和關心，是表達親密的依戀，是對彼此感情的推動，能夠使婚姻向前發展，能夠使婚姻品質提升。

所以，正向語言也不必把每一句話都講得很好聽，只要不是傷害對方的，不是出於惡意的，不是情緒化不負責任的，不是個人發洩的，是建設性的，就可以。

　　希望每一個人都能夠成為會溝通的人，因為我們需要跟別人說話，所以要會說話，要會傾聽別人說話。

心理成長小技巧 ·······························

　　在生活中，當你面對伴侶時，或者當你和伴侶互動時，想像自己此刻是一臺照相機，在心裡默數「1、2、3」，心裡默念「咔嚓」，然後把眼前的畫面定格在腦海中。

　　接下來，自己在內心對這張畫面進行客觀描述：「我看到……」在描述時，就像照相機一樣客觀呈現畫面，不摻雜自己的任何觀念、解釋、分析、評判、總結，不添加任何帶有主觀感受的詞彙。例如：「我認為」、「我覺得」、「他就是」、「她因為」、「他是為了」、「總體來說」之類帶有觀念、解釋、分析、評判、總結內容的詞句，都是不可以使用的；「認真」、「美好」、「很醜」之類表示主觀感受的詞彙也是不可以添加上去的。

參考文獻 ·······························

1. 張掌然《交際藝術品評》。

2. ［美］羅蘭‧米勒（Rowland S. Miller）、丹尼爾‧珀爾曼（Daniel Perlman）《親密關係》（*Intimate Relationship*）。

3. 叢揚洋《薩提亞模式與自我成長》。

4. ［德］伯特·海靈格（Bert Hellinger）《愛的序位：家庭系統排列個案集》（*Love's Own Truth*）。

5. 馬莉（MaLi）〈家庭心理劇治療對憂鬱障礙患者家庭功能的影響〉。

6. 韋志中《本會團體心理諮商實踐》。

7. 陳虹、嚴小萍〈積極心理學視域下的積極語言研究〉。

8. 韋志中、余曉潔《畫心：繪畫心理治療師的心靈透視課》。

第十四章
性生活，要講究內心感受

　　隨著人類的發展，性的功能也在發生變化。以前，從演化的角度來說，性就是為了生育，繁衍的功能排在第一。而現代人過性生活，更多的時候根本不是為了生孩子，而是為了兩個人之間感情上的連線，為了生理上的滿足和心理上的愉快感受。

　　我們進行婚姻輔導的時候，發現很多夫妻因為在性方面不協調，而導致了關係親密度下降。

　　如果為性生活的能力設定一個評分標準，非常好的算 10 分，比較好的算 8 分的話，那麼人們一般只有 5 到 6 分。這裡面有很多知識、技巧和方法，很多人確實不懂。

適度性生活的益處

　　從健康的視角來看，適度、協調的性生活對於男女兩性的健康均有很多益處。東方人提倡「節情導欲」，西方人主張性生活要有規律。

　　據西方性學家研究，有規律的性愛可以讓女性增加雌激素

195

分泌，讓容貌更年輕，讓皮膚更光滑，頭髮更亮澤，還利於保護骨骼健康，預防骨關節炎；性愛可以讓眼部肌肉獲得充分放鬆，有助於保護視力；性愛可以幫助女性鍛鍊骨盆底肌肉，減少尿液滲漏與失禁次數；每週三次性愛可讓心臟病與中風風險減半；性愛間隔不超過三天，可讓男性的精子質量更新鮮；性愛是天然鎮靜劑，對於男性來說，一次 5 到 10 秒的性高潮有助於快速入眠，而女性長達 4 到 5 分鐘的性高潮可以讓身心愉悅，有利心理健康。從史坦伯格的愛情三角形來看，性愛同步釋愛情三元素架構中的其中一環。男女兩性相互吸引，一起進行愉悅的性生活體驗，是「熱情」的主要成分。在性愛中產生的愉快心情也在增進著「親密」體驗。撫摸、前戲、性高潮均能促進腦垂腺後葉釋放催產素，讓人心情愉悅，產生想與伴侶更親密的感受。滿足彼此的性需求，也是婚姻中「承諾」的重要部分。

　　從人的心理需求來看，美好的性愛還能夠滿足人們對於「自主」和「能力」的需求。自主、美好的性互動，愉悅、滿足的性體驗，會提升人們的自尊和自信水準。這些都有利於人格的發展和完整，對人類滿足自我實現的需求也貢獻著一分力量。

性體驗對婚姻的作用

　　有一對情侶，小剛和美美，他們在剛戀愛時，彼此都是很驚喜的。美美從未接觸過其他男性，小剛對美美的羞澀和躲閃

感到非常開心，兩人感受著愛情帶來的甜蜜和幸福。

他們在相戀兩個多月時，第一次發生了關係。從此以後欲罷不能，每一次都熱情無比。相戀一年後，他們結了婚，這樣熱情的狀態又持續了一年多。

後來，他們的工作雙雙陷入了瓶頸期。尤其是小剛，感到壓力很大，彷彿腦袋裡有片烏雲老在壓迫著自己。晚上在家時，美美希望能被丈夫撫摸一下，小剛也只是簡單敷衍一下。美美想親近時，小剛就說自己很累。他們只是偶爾才有一次夫妻生活。漸漸地，美美發現自己乾枯了，身體自始至終都是疼痛的，她為自己感到自卑。

讓美美最難以忍受的是，他們連親吻都沒有了。美美問小剛：「你不和我親吻，那我該和誰親吻？難道我這輩子都不能再親吻了嗎？」小剛說：「有些事沒有辦法，只能接受。」

漸漸地，美美發現，原先流動在兩個人之間的那種溫柔的情愫也消失了。他們開始為一些瑣事真正地生氣。美美發現自己的表情和心靈都是僵硬的。她開始不想和小剛有任何的身體接觸了，連他的鼾聲、他呼吸的氣味都讓她反感。

後來，美美在一次出差中，在海邊遇見了阿南。那天，海風吹拂著美美，讓她分外陶醉。她一個人坐在海邊，感到心情平靜。夜幕降臨，滿天星輝，加上體內酒精作祟，美美開始有一些頭暈。就在這時，帥氣的阿南走到美美身邊。兩個人情不

自禁吻了起來。這一吻，讓美美感到很舒服，他們很久都不願意放開對方。美美感到身體在那一刻不受大腦的控制，她甚至開始不顧一切地咬起阿南來。在漫長的親吻結束後，阿南讓美美去他的房間，美美猶豫了一下拒絕了。

第二天，阿南請美美吃飯，再次邀請美美去他那裡。儘管喝了很多紅酒，但美美殘存的一絲安全意識，讓她再次拒絕了阿南。回到家後很長一段時間，美美都感到對丈夫有點內疚。小剛後來調到外地工作，聚少離多，稍稍改善了他們的性生活。雖然勉強和諧，但美美內心再也沒有了當初的柔情和期盼。美美不敢把對性生活的不滿告訴小剛。她想和小剛好好溝通一下兩個人的感情，但每次他都說不想討論這個話題。小剛在電話中可以跟美美講一晚上他對他們將來生活的規劃，但兩個人見了面反倒無話可說。他們的交流越來越少。美美對這種生活厭煩透了，一方面渴望性，另一方面又厭惡自己的渴望。她感到窒息。

在實際的婚姻生活中，人們體會到的性產生的作用，是很值得關注的。對於美美來說，她的起點就是比較高的，她交的第一個男朋友，就給了她高度的性啟蒙。性對於她來說，對婚姻生活中的感情交流、生理滿足、自信、自尊等很多方面發揮作用。在性方面，家庭教育的程度是完全不同的。

在男女關係中，對於每個人來說，性生活造成的作用都是

不一樣的。大家雖然看起來都差不多，但實際上由於性價值觀不同、對性的心態不同、性知識水準不同、性技巧不同、性適應能力不同，會讓性體驗不同，那麼性在婚姻中產生的作用就會很不同。有的人把性生活作為男女關係交往的潤滑劑，或者是手段，或者技巧，或者是方法。有的人就並不在意。

從體現認知，看性的身心作用 ·················

有的人說，兩個人談戀愛，有沒有發生過性關係，感情深度是不一樣的。發生了性關係之後，關係會更加甜蜜，感覺會更加美好。如果分手的話，在和發生過性關係的戀人分手時，就會特別痛苦。如果沒有發生過性關係，分手之後過一段時間就好了，至少痛苦的程度沒有那麼深。

心理學有一門分支學科叫做體現認知心理學。體現認知的實證研究發現，人們的身體直接參與認知過程，影響著人們的思考、判斷、記憶、分類、概念形成，影響著情緒、情感形成。我們曾經邀請一位心理學教授團體諮商學術論壇上做報告。教授做的就是關於體現認知的報告。他講到梁朝偉和湯唯演的電影《色戒》，就是從體現認知的角度講的。體現認知理論主要指生理體驗與心理狀態之間有著強烈的連繫。生理體驗「啟動」心理感覺，反之亦然。

我們團體的「人生五味茶」、「人生五味糖」心理技巧，就是基於這個原理而產生作用，讓我們能夠回到記憶中再次去體會過去發生的事，以全新的視角來看，從而改寫心理體驗。

　　中文有一句諺語叫「一日夫妻百日恩」。《色戒》裡，女大學生王佳芝的任務是要把漢奸易默成殺掉，可是，他們在一起後，她就發生改變了。後來，在最關鍵的時刻，她把他放走了。我們知道，她不只是殺手，她還有信仰。那時候，革命的意志是很堅定的，有很多革命英雄不惜犧牲自己的生命，來完成艱鉅的任務。在那種堅定的信仰背景下，他們都能透過身體的接觸和互動之後改變想法。所以，一日夫妻百日恩，「恩」就是一種心理體驗。男女之間有一次性的互動，產生的體驗是很長久的。他們兩個人很可能是在性生活中達到了身心體驗的最高峰，體會到了心流的狀態，所以使她發生了根本性的改變，她愛上了他。

　　所以，滿足性的生理需要的過程，也會影響心理，也會影響行為。有些夫妻在吵完架之後，透過一次滿意的性生活，就把事情化解掉了，這就是「床頭吵架床尾和」。

用性愛溝通感情，關鍵在於愛 ⋯⋯⋯⋯⋯⋯

　　有一種觀點認為，如果一些男性不太擅長用言語來交流感情，可能更需要透過性這種私密的溝通方式來維護親密關係。

這裡需要注意，如果男人在性活動過程中，不懂得滿足女性對於感情交流的心理需求，在過程中不注意，顯得草草了事，或者像例行公事，原本想增進感情，或者想化解一些矛盾，結果就會弄巧成拙，事與願違。對於女性來說也是一樣。如果女性不夠投入，男性可能會覺得女性在應付。男性因這種被應付的體驗而失望的話，那麼兩個人溝通感情的結果也會很糟糕。這種情況對夫妻的心理傷害就會很大。

性技巧是性能力的一部分，性能力還包括愛的情感本身，包括正向的情緒，包括用撫摸、親吻和語言表達愛，包括性生活的技巧、方法，等等。性能力包括身體的機能和性技術。如果身體機能不錯，但是因性技術不夠而顯得敷衍的話，就會達不到溝通感情的效果。

關於效能力，我們在臨床諮商中發現，人與人之間並不需要進行性能力比較。那麼，人們為什麼還會覺得有的人性能力強、有的人性能力弱呢？原因就在於心理層面。從性心理角度來說，越是心理資本強的人，正向優勢多的人，做事情的成功率就越高，那麼性行為也是一樣的。所以，自信的人更容易讓別人覺得其性能力強。有的人性能力暫時減弱，在排除生理因素之外，可能是跟心理因素有關，例如自信下降、自尊受到打擊、壓力過大、心情不好等。

夫妻之間想要溝通感情的時候，要以心理感受為主。溝通

感情的關鍵，就在於讓對方感受到愛。當對方感受到愛，至於性活動多長時間，有沒有達到性高潮，這不是最重要的。比如，可以溫柔地撫摸對方。皮膚是人體接受外界刺激的最大感覺器官，對身體任何皮膚的撫摸，都可以讓對方感受到愛，而不要局限於僅僅撫摸唇、頸、背、腹、腳等性的敏感區域。親吻額頭，也會產生強烈的情感交流的效果，因為大腦前額葉皮質是情緒、情感活動的重要腦中樞。有的人身體機能強，不需要太多的撫摸和親吻，更多地透過充滿愛意的舉動讓對方滿足。當產生高潮的時候，男女兩性都會在心裡產生舒服和快樂的感覺，也是能達到效果的。這種情況也是不在於身體感受，而在於愛。在這過程中，讓對方感受到真誠的愛。

女性大多數還是看男性的態度和行為，看男性是不是愛自己。女性的性生理體驗與愛的心理體驗之間，是水漲船高的關係。越親密，愛的心理體驗越強，就越會促進生理的體驗。生理的舒適體驗也會促進心理上的親密。

所以，我們要避免兩個失誤。第一個失誤是，認為兩個人吵架之後，過一次性生活就可以解決了。在這過程中如果草率或者應付，結果會更糟糕。床頭吵架床尾和，也需要彼此感受到愛才行。第二個失誤是，過於注重過程的外在表現，而忽視夫妻雙方的內心感受。雙方一定要讓對方感覺到真誠，這是很重要的。

心理成長小技巧 ∙∙∙∙∙∙∙∙∙∙∙∙∙∙∙∙∙∙∙∙∙∙∙∙∙∙

　　如果你單身，練習跟著節奏歡快的音樂跳舞，可以隨意舞動身體。跳舞時覺察身體哪些部位比較放鬆，哪些部位比較緊繃，對緊繃的部位進行撫摸，並且透過深呼吸放鬆這些部位。

　　如果你有伴侶，在性愛之前，播放一些兩個人都喜歡的或悠揚或歡快的音樂，一邊聽音樂，一邊用撫摸、親吻等動作伴隨著舞蹈動作進行愛的情感交流。

參考文獻 ∙∙∙∙∙∙∙∙∙∙∙∙∙∙∙∙∙∙∙∙∙∙∙∙∙∙∙∙∙∙∙∙

1. 楊鑫輝《醫心之道》。
2. [美] 羅蘭‧米勒（Rowland S. Miller）、丹尼爾‧珀爾曼（Daniel Perlman）《親密關係》（*Intimate Relationship*）。
3. 葉浩生《具身認知的原理與應用》。
4. 馮國川〈性愛好處新發現〉。
5. 吳唯文〈性愛的 9 個好處〉。
6. 沈政、林庶芝《生理心理學》。

第十五章
不同年代的婚姻價值觀與跨文化的能力

　　每個年代的人，對於婚姻都有不同的價值觀。不同的價值觀，決定了每個年代的人們對於婚姻的不同態度，決定了人們在婚姻中的感受，決定了人們在婚姻出現問題時怎樣面對。這些都關乎著人們的幸福，因此是很值得關注的。在本章中，就來談一談不同年代的婚姻價值觀。從「六年級生」開始，人們在面對家庭文化衝突時會出現難以適應的情況，因此，在本章中也針對這一點來深度談一談面對婚姻衝突時跨文化的能力。

　　首先，我來談一談，根據我二十年的婚姻諮商觀察以及社會觀察，總結出的「五年級」、「六年級」、「七年級」、「八年級」不同的婚姻價值觀。

「五年級」，守在陣地上 ·······················

　　「五年級」的人們，受文化和環境影響，普遍堅守在婚姻的地盤上。他們不會放棄婚姻，再苦再累都要留下來。「五年級」的婚姻並不是問題少，而是他們能忍，就是「咬定青山不放鬆」。在「五年級」人們的字典裡，就沒有要「分開」這樣的字

205

眼。所以，他們絕大部分人都能夠守住婚姻。

「五年級」的婚姻家庭裡，丈夫往往是一個溫暖又孤獨的背影，妻子往往是一個堅忍能吃苦的側影。夫妻倆結伴過日子，望子成龍、望女成鳳，傳揚好家風、好家教，注重對子女的文化教育。五年級」的夫妻，孕育了大部分當今社會的中堅力量——「七年級」。

「六年級」，衝突中前行

「六年級」是矛盾的一代。「六年級」的父輩對他們的教育是要以家庭為主，而他們面對的社會成長過程又是以自我為考量的。因此，他們在衝突中前行。

「六年級」面對婚姻中的家庭文化價值觀的衝突，面對自我角色的不適應，有時候想要放棄婚姻，有時候想要留下來，有時候覺得要努力一下，有時候又覺得有點虧。「六年級」的人們，面對婚姻自己想掌控卻掌控不了，又不願意妥協。「六年級」對於離婚通常會有這樣的擔憂：對長輩不「孝」，對子女不「道」。他們會擔心子女認為自己道德敗壞。因此，他們即使要離婚，也往往會一直堅忍到子女長大了，對自己的牽絆少了，長輩也老了，給自己帶來的壓力小了，這時候有些人會選擇走出婚姻。

如今，「六年級」的人們，有些已經走出了婚姻，有些還在

搖搖欲墜，還有一些在堅守，還有一些守住了領地，把婚姻經營得不錯。如果有可以學習成長、提升婚姻品質的機會，「六年級」中有很多人會選擇努力經營，讓婚姻變得更幸福。

「七年級」，快樂築巢鳥 ....

「七年級」，我稱他們為「快樂築巢鳥」。因為「七年級」這代人的一個特點，是他們要自己買房子。

為什麼比喻成築巢鳥？鳥要結婚就得築一個鳥窩，然後讓其他鳥都來參觀，喊一聲：「我的房子蓋好了，都來看！」然後，那些鳥嘰嘰喳喳都來了，就看哪隻鳥願意留下來。「七年級」都在努力地追求買一間房子，過一份安穩幸福的生活。

「七年級」是更積極樂觀、更快樂的一代，所以，他們是快樂的織巢鳥。在面對婚姻過不下去時，「七年級」也會更有勇氣選擇離婚。

「八年級」，遊戲人生 ....

「八年級」對婚姻的態度，叫「遊戲人生」，就像林志穎演唱的〈戲夢〉中的一句歌詞：「今天愛你，明天愛他，到底誰愛我？……」

遊戲人生，不是消極趣味，而是我要快樂，我要開心。「八年級」一出生就是網路發達的時代，他們是在虛擬中習得掌控感的人，他們需要自己掌控人生，不可能被別人掌控，既不願意被房子掌控，也不願意被父母掌控。

　　「八年級」是更有獨立人格、更有自尊的一代，他們在婚戀中彼此尊重程度比較高。與「七年級」、「八年級」相比，「六年級」的彼此尊重程度相對較低。因為「六年級」更多的是講究你中有我、我中有你。「五年級」則認為，你的就是我的，我的就是你的。

婚姻經營，要有跨文化的能力

　　在上文〈一張床，六個人〉中，談到了婚姻中的家庭文化衝突。在本章中，我們透過「六年級」的一個比較典型的「孔雀女和鳳凰男」的婚姻故事，再來深度談一談婚姻經營中跨文化的能力。

　　有一位孫女士，1971 年出生。她在 40 歲時離婚了。離婚那天，她覺得心情特別輕鬆，很後悔沒有早點離婚。

　　原本，他們也是自由戀愛結婚。孫女士家境不錯，男友家經濟則比較貧窮。孫女士認為愛情比較重要，經濟方面可以慢慢改善，於是說服了父母，和男友結了婚。

　　舉辦婚禮的那些天，丈夫家來了十位親戚，因為覺得住旅館浪費錢，於是一起住進了孫女士的父母家。他們打地鋪睡，晚上把襪子脫掉後就放在飯桌上。孫女士和父母受不了，於是她提醒丈夫讓親戚們注意一下。公公卻嚴厲斥責了丈夫，說一大家人供他讀完大學，而他翅膀硬了，開始嫌棄家人了。最後孫女士含淚道歉，事情才結束。後來，婚禮辦了，公婆臨走前告訴她，等生了孫子，就過來幫她帶。

　　孫女士的父母已經對親家忍到了極限，於是，孫女士決定在沒有自己的房子前，堅決不要孩子。沒想到，有一次，丈夫把避孕藥換了，孫女士懷孕了，於是偷偷去做了流產。後來，丈夫還是知道了，氣得把她大罵一頓。

　　日子繼續過。丈夫家經常有親戚扛一袋蔬果上門來，每次孫女士都自己掏錢讓他們住旅館，丈夫從來不出錢。

　　結婚三年後，他們終於有了自己的房子。孫女士跟父母借了 20 萬塊錢裝修房子，丈夫卻不同意，說 20 萬塊錢可以在老家替他父母蓋一間房子了。孫女士很生氣，要離婚，卻發現自己又懷了孕。她本來準備去流產的，但是被公婆知道了，公婆趕緊帶著兒子上門來道歉，他們才把房子簡單裝修一下繼續生活。

　　公婆也搬了過來，每天熱菜熱湯地照顧孫女士。孫女士對公婆很感激。公婆在陽臺上養雞、晒菜乾，她雖然不是很高

興，但都忍了。孫女士沒想到的是，女兒一出生，公婆就變了。孫女士的父母想讓女兒每天都喝雞湯，但公公說：「生了個女孩，一星期給她吃一隻雞就不錯了。」孫女士氣得當晚就回了娘家。

從此，孫女士和公婆間就留下了嫌隙。後來，丈夫以他們的老家習俗是孩子要由爺爺奶奶帶才有福氣為理由，把孫女士和孩子接了回去。但是，生活裡依舊矛盾不斷。孫女士和公婆開始相互挑毛病。孫女士要給孩子用紙尿褲，婆婆堅持用舊衣服替孩子做尿布。有一次婆媳為此爭執，丈夫還打了孫女士一巴掌。婆婆嚼飯菜給孩子吃，孫女士覺得很不乾淨。她想讓丈夫跟婆婆說一下，讓婆婆不要再嚼飯菜餵孩子了，但丈夫不肯站在她這邊。孫女士看到丈夫每月都把大部分薪水寄回老家，於是不再付生活費，只為孩子買奶粉。公婆又罵她是吃軟飯的。

後來，公婆回家幫小兒子帶孫子，孫女士感到自己終於解脫了。雖然和丈夫之間感情很淡，衝突很多，但是孫女士沒再想離婚。然而，她沒想到的是，丈夫竟然背著她，帶了一個年輕女孩回家。孫女士感到忍無可忍，終於選擇離婚。

離婚三年了，孫女士一個人帶著女兒生活。她覺得自己過得舒服又輕鬆，女兒也變得活潑開朗。雖然不斷有人替她介紹對象，但孫女士再也不想走進婚姻了。

一天，孫女士和女兒聊起愛情，女兒說只要對方愛她就行

了，不管他什麼出身什麼背景，有沒有錢也不重要。孫女士只覺得頭皮發麻、冷汗直流，她不希望女兒重蹈自己的覆轍。

孫女士的故事，讓我們再一次看到婚姻裡文化的衝突、價值觀的對立、個性上的不和，以及關係上的互動模式需要改進，很多婚姻問題，都圍繞著這些因素。我們的社會已經非常需要婚姻家庭教育。

跨文化意味著婚姻更精彩 ·····························

其實，他們的婚姻是好婚姻。我覺得特別好，為什麼？兩個人為什麼能戀愛，就是因為彼此的相互吸引。相互吸引，相互帶給對方精彩。在都市成長的女孩子能帶給男方面子。而鄉下的男孩子來到都市中能為女方家庭帶來一位上進的女婿。從大的家庭背景來說，是特別好的。

雙方家庭文化的不同意味著什麼？如果家庭文化都一樣，確實看起來更容易融合，但是少了更多精彩，也少了更多嘗試新事物的機會，也少了更多可能性。

跨文化的好處是什麼？父母們之所以送孩子去國外留學，就是因為跨文化的能力將成為婚姻經營中很重要的一種能力。我們經營婚姻家庭也好，做心理諮商也好，出社會工作也好，都是基於跨文化的問題。如果沒有跨文化的能力，就不能理解

別人。先前在偏鄉服務時，我就學會了當地的方言，即使我講得很糟糕，但是他們聽得懂，就會覺得親切。這就是跨文化，要主動地跨越，不要怕會失去自我。

人類在試圖消滅文化的多元性，這是不對的，而且也消滅不了，因為地域的不同就決定了文化的多元。在尼泊爾，沿著喜馬拉雅山的山脈，低的地方海拔幾百公尺，高的地方海拔幾千公尺。住在海拔 800 公尺的人與住在海拔 1,200 公尺的人語言都不同，因為氣候不同、文化不同、信仰不同，所以，尼泊爾這樣一個小國家就有一百多個民族，而且每個民族語言都不一樣，服飾也不一樣，信仰也不一樣。我們做任何工作都需要跨文化，那麼在婚姻經營中為什麼不考慮這個問題呢？

孫女士根本沒想到要跨文化，她丈夫也是，他們都沒有這種意識。她丈夫也沒有尊重自己的妻子和妻子的原生家庭，還有些愚孝，激化了雙方的衝突。

找對了人，還需經營得當

我們不要覺得這是一個找伴侶找錯了的問題。有人會有這個誤解，會認為另一半沒有找對。其實，並不是沒找對，而是沒有足夠的了解，沒有經營到位。現在，已經離婚的孫女士又在和文化對抗，因為女兒的爸爸、爺爺、奶奶依然不會改變，

還是要經常見面連絡感情。孫女士記住的，都是她耿耿於懷的，她把很多精力放在了自己口口聲聲說的不在意的人身上。孫女士說她再也不想走進婚姻，這是最大的失敗和悲哀，因為她依然還生活在與前夫的失敗婚姻裡。

所以，學會跨文化的能力，是經營幸福婚姻所必需的能力。只要自己人格獨立，公婆哪怕是重男輕女，也是可以跨越過去的。其實孫女士在婚姻開始時，本來沒有太嚴重的事件。婆家人來到都市裡，為了省錢，打地鋪睡，後來婆婆在兒子的新家養雞、晒菜乾，這些在那個年代的鄉下人看來，是很正常的，因為他們就是這樣生活的。她如果真有理解的話，那麼就要尊重他們這樣的生活方式。她應該這麼想，因為嫁這個丈夫，家裡多了那麼多精彩，多了那麼多親戚。而且來的形形色色的人，每個人身上都有故事。她卻不把這些當成資源，只看見自己的家被打擾了。

一開始，她找這個男友就是因為和她不同而被吸引，後來，她又不接受這個不同，這就是她的問題。孫女士和她丈夫在一開始生活時，磨合期確實要比別人付出更多。但是，付出之後，她就比別人享受得更多。因為她有鄉下的婆婆，人家沒有，要懂得感恩，要懂得享受生活。這其中她的父母也有很大的責任，父母對女兒的離婚推波助瀾了。

新時代婚姻，講究「心門當戶對」

　　孫女士和丈夫家境不同，按照傳統的觀點，他們是門不當戶不對。然而，隨著時代的進步，舊的階級門檻被打破，門當戶對的擇偶觀已經漸漸被人們更積極的擇偶視角所取代。

　　如今，一個人的幸福和成功更主要依靠完整的人格、正向的心理優勢、堅實的心理資本，對自身責任的認知及行動力，依靠自身的奮鬥，以優秀的品德、修養和得體的言行去建立良好的人際關係。

　　因此，新時代，選擇婚姻要講究「心門當戶對」。主要是指心理健康的相當、價值觀的相對等、性價值觀的相契合。

允許孩子自由選擇婚戀

　　前面講到的故事裡，孫女士是「六年級」。如果她是「五年級」，她就會忍受下去了。她的女兒是「八年級」，她看到女兒的愛情觀，覺得女兒會重蹈她的覆轍，她把自己婚姻的不幸福歸因為當初只要愛情而不管其他。她自己過得不好，就開始管理自己孩子未來的婚姻。如果她自己找到了愛情，她就不會這樣擔憂自己的女兒，而且她女兒的價值觀跟她完全不同。

　　父母對於孩子的婚姻跟戀愛通常都是干涉不了的。但是父

母不是因為干涉不了而不干涉，而是要懂得給予孩子自由。

孩子有自由，才會發展出獨立的人格。獨立的人格，是在婚姻愛情中能夠走下去的必備心理條件。有獨立的人格，才會有自尊、自信和自愛；有足夠的安全感，有尊重、理解、接納、支持別人的能力，有跨文化的適應能力；會看見對方的優點，看見對方的付出，會懂得感恩對方和對方的父母，會珍惜彼此的關係；在和對方相處時能夠自如地調適好把自我放在對方身上的比例，而不至於完全地失去自我，失去自己決定自己幸福的權利；在遇到人生風雨時擁有獨立的判斷和勇氣，而不是等著另一半來做決定，耽誤了解決問題的最佳時機。

孫女士的故事中，如果她的孩子沒有真正的自由，沒有獨立的人格自我，想讓孩子有力量去愛自己、愛別人，那是不可能的。一定要讓她自由地成長，快樂地成長。人生旅程中，最重要的就是這個部分。

很多人不去面對自己的問題，就輕易做出評判，做出決定，這是不對的。只有面對問題之後，你再做出選擇才是對的。孫女士就是沒有面對問題，而且一直在逃避，這與面對之後自由地做出一種選擇，是不同的。她在面對問題之後，對於女兒的婚姻愛情，才會有放手的能力。

跨文化的「三不要」原則 ·····························

我們在婚姻中進行跨文化相處時，要注意明確「三不要」原則。

第一，不要因為對方而去改變自己。如果你試圖改變自己，向對方妥協，你會發現，你改了之後，對方有可能就不要你了。兩性關係中，對方看中的就是你本來的樣子。所以往往你為對方改變了，人家卻不喜歡你了。所以，做自己就對了。你越接納真正的自己，越有人愛你，你也越有能力對別人好。

對方可能就是喜歡你的個性。比如說，你是一個愛發脾氣的人，有的人就是喜歡你發脾氣，要有自己的個性，否則你還有什麼趣味呢？有一句話叫：好看的皮囊千篇一律，有趣的靈魂萬裡挑一。我們要永遠相信這一點，只要真誠了，彼此才會覺得舒服，心理才會越來越健康。

第二，不要試圖讓別人改變。你試圖讓別人改變，那麼你將一輩子吃力不討好，這也是不可能實現的。

第三，不要拿別人的錯誤懲罰自己。孫女士就是在拿別人的錯誤懲罰自己，而她現在又想控制自己的女兒。當初她的父母還能夠允許她有自己的選擇，而她已經不允許她的女兒自由選擇了。她對婚姻經營能力的逃避，正在變種出一顆不好的果子。

所以，這三個「不要」：不要因為對方改變自己，不要改變對方，不要拿別人的錯誤來懲罰自己。請大家記住，永遠不要！

心理成長小技巧 ··

畫一張自己的自畫像，在畫的過程中覺察自己內心湧出的情緒。

畫完之後，寫出自己最與眾不同的一個特點，然後，針對這個特點，寫一首詩送給自己。

參考文獻 ··

1. [美] 蘭迪· 拉森（Randy Larsen）、 戴維· 巴斯（David Buss）《文化與人格》（*Personality Psychology*）。

第十六章
再婚家庭的經營

現在離婚族群越來越多，可是再婚族群卻不多。其實不怕人們離婚，怕的是什麼？怕的是不再婚。就像我們上一個故事講的那樣，和丈夫離婚，帶著孩子生活，這沒有什麼不可以接受的，只要自己幸福快樂就好，最害怕的是她沒有愛的能力，她原來的創傷處理不了，對婚姻有了芥蒂。

家庭中的血緣關係

為什麼有些人會對再婚有芥蒂呢？家庭中的血緣關係就是一個誘因。華人有「種」的概念，對孩子會區別對待，這是自己的「種」，就要自己養著；這不是自己的「種」，心理面就會有顧慮，在撫養的時候也不會那麼盡心盡力。

如果是親生的，好像親爸怎麼打都沒事，親媽怎麼罵都沒事，這就是華人的倫理。以前有位戲曲家，她父親帶她逃亡到偏鄉，父親教他唱戲，唱得不對就打她，打得渾身是傷。有人看不下去，以為她父親是人口販子，就要揍她父親。那位戲曲家說：「這是我爸，我親生爸爸。」人家一聽是親生父親，就不打他了。

如果沒有血緣關係，就算做得再好也會被別人挑刺。比如說媽媽今天做了一頓飯，不太好吃，女兒回來把碗一摔：「這是什麼飯？不想吃了！」父母是不會在意的。可媳婦如果說一句今天飯不好吃，婆婆立刻就不高興了。所以，我們的社會中總是有一個結構式矛盾：媳婦永遠不如女兒。這就是很多人的倫理文化，這種文化根深蒂固，很難消除，所以再婚時就要考慮到這個因素。

如果是單身媽媽帶著孩子，她們會考慮未來的繼父會不會對孩子好，能不能接受孩子。很多女性會考慮說，乾脆再婚的時候找一個不想再生孩子的男人。有些帶著孩子的男性，乾脆就不結婚了。我身邊也有一些這樣的事例，離了婚之後本來還有大好青春，但是擔心再婚後對方對孩子不好，就一直沒有結婚。等到孩子讀大學了，突然就失落了，因為孩子離開了他們的身邊，他們變成了孤零零的一個人。可此時很多事都已經改變不了，一些人也無法挽回。

也有些夫妻會擔憂，如果離婚的話，孩子不認我了，怎麼辦？萬一孩子的繼父／繼母對孩子很好，孩子不和我親近了怎麼辦？所以，很多人再婚，往往是很艱難的，會有很多心理負擔和壓力。我們會重視血緣關係，但是西方人卻不是很看重這些，孩子不管是不是親生的，只要生活在這個家庭中，他就是自己的孩子，即便是領養的，也要傾注一生去愛他。賈伯斯

（Steve Jobs）從小連親生父親都沒見過就被拋棄，養父母從他還是小嬰兒時領養了他。通常，領養這件事，家長都會隱瞞著，不告訴孩子的，害怕他們自尊心受傷，但賈伯斯從小就知道自己是被領養的，他不覺得自己和旁人有什麼不同。直到一個鄰居小妹妹問他：「你親生父母不要你了嗎？」賈伯斯跑回家大哭，但父母嚴肅認真地告訴他：「不是，是我們專門挑的你。」正是在養父母這種愛的教育下，賈伯斯長大後才會在事業中創造了那麼多輝煌成績。就像賈伯斯在自傳中談及他的父母時說：「他們只是生我育我的精子庫和卵子庫而已」、「我只有一對父母，那就是我的養父養母」。

一個有創傷的家 ·····

下面我們來看一個故事。

有一個女孩小王，當初決定要和一個喪偶還帶著孩子的男人結婚時，媽媽曾勸過她，繼母可不是好當的。但是小王覺得，只要付出努力和愛，一定會和他們家人和平相處的，大不了以後不生孩子，小王會把他的女兒當作自己親生的一樣。男人知道小王的決心後，很感動，表示以後會好好對待小王。

小王知道結婚後要和長輩、小孩一起住，男人的女兒名叫文文，長輩是男人前妻的媽媽，也就是小孩的外婆。男人說，

長輩很可憐，中年喪夫，老年又喪女，身邊沒有一個人照顧，就把她接來一起住了。還說她受到了很大打擊，脾氣有點暴躁，希望小王多多忍讓。小王二話不說就答應了。

自從嫁到男人家後，由於男人經常出國，所以，文文和外婆一般都是由小王照顧。小王對長輩畢恭畢敬，只要下班回家，家裡的事情小王都會搶著做。過去單身時，小王從來沒做過飯，現在買來食譜開始學習，並且配合著長輩的口味做菜。

可是，住在同一個屋簷下，總會有看不順眼的地方。由於小王工作忙，每天回家都是七八點，之前都是在外面隨便吃一點。可長輩嫌外面的飯菜不乾淨，又花錢，就執意要小王回家吃飯。小王不想違背長輩的心意，就同意了，每次下班就匆匆忙忙地回家，可是回到家做好的飯菜早就涼了。小王想買個微波爐熱一下飯菜，長輩就說浪費電，電費貴，不同意買。還有小王怕熱，一回到家就會開冷氣，老人也會抱怨。

小王覺得可能是長輩的錢不夠用了，就對男人說要給長輩電費錢。男人說不用，可是不知道男人對長輩說了什麼，第二天小王下班回來，發現家裡的冷氣全都開著，窗戶也大開著。小王覺得好奇，就問怎麼了。誰知長輩卻說：「妳不是有錢嗎，有錢就盡量花吧，別好像我把妳老公的錢都裝進自己口袋裡一樣。」小王著急地解釋，正說著，女兒文文突然走過來說：「妳有錢妳留著花，我外婆花的是我爸爸的錢，不用妳管。」當時

小王就愣住了，一直以來她自認為與文文相處得挺好。漂亮衣服、進口玩具、登山車，只要文文想要的，小王都買給她，文文對小王也挺親近，這是怎麼了？小王不想在文文面前爭吵，只好認錯，然後回房間埋頭大哭了一場。小王想從男人那裡找點安慰，結果男人一聽小王說委屈就會很不耐煩。小王感到無奈，只有自己承受。

　　類似這樣的事件還有很多。有一天，小王在客廳裡看電視。長輩過來說：「文文在做功課，妳開電視吵到了她。」那時文文正在吃蘋果，小王就反駁了一句，結果老人「啪」的一聲就把電視關了，大聲說：「文文做功課！」當時小王很生氣，家裡最大的臥室一直是文文住著，小王和丈夫的臥室很小，根本放不下電視。小王說：「文文做功課可以進自己的房間啊，她房間有書桌，有電腦。」老人說：「這房子是我女兒、女婿的，我外孫女願住哪間就住哪間。」小王一氣之下打電話讓丈夫回來。小王說：「我們本來是有自己的房子的，要不是住在這裡，文文上學方便，我才不願意待在這呢。既然她不想讓我住，我們兩個搬到那邊去吧。」誰知丈夫一聽大怒，說：「怎麼有妳這種女人，剛結婚不到一年，就讓我拋棄一老一小，我是不會丟下她們不管的，要搬妳自己搬。」

　　後來，小王實在氣不過，就搬回了自己的房子。可是男人回來後，沒有打過一次電話給小王。小王覺得徹底死心了。她

打算就算孤獨終老，也絕不會再走進那個家。

這個家庭是有心理創傷的，丈夫是中年喪偶，長輩是老年喪女，文文是少年喪母，這是人生三大悲劇，恰好三個人都碰上了。那這些創傷該如何緩解呢？一定是要經過他們自然療癒，或者是專業的處理，才能真正地告別那個悲傷。這個故事中的小王已經做得不錯了，她人格方面也很健康。但實際上她不知道，她進入了一個哀傷的家庭，而她把他們哀傷的表現當成道德問題。長輩對她不好，女兒對她不好，丈夫對她也不好，這樣的婚姻已經完全沒有了繼續下去的必要。如果小王在戀愛時能明白這個家庭現在正處於悲傷的氛圍中，她就不會馬上走進這個家庭。她可以和男人戀愛，但是不要那麼快地進入婚姻。這個男人如果明白的話也是如此。

普通人沒有學過心理學，他們不知道自己的情緒從何而來。學過心理學的人，有時候會問自己，為什麼剛才突然失控了？這背後的動機是什麼？我們會找原因。但是沒學過心理學的人，他是不會問自己的。所以，長輩不知道她的情緒怎麼來的，文文也不知道，這位丈夫也不知道。

不要那麼快走進哀傷家庭中，要給對方一個緩解的過程。故事中的男人，此時他滿腦子還都是前妻的影子，都是他和前妻、孩子、長輩在一起生活的幸福時光。小王此時闖進來，這裡根本就沒有她的位置，她肯定是處處碰釘子的。只有等他

們過了這個哀傷期,他們開始面對現實,長輩看到女婿需要一個女人照顧了,文文想要一個媽媽了,這時候小王再進入就不同了。

不要急著再婚

有一對夫妻,兩個人離婚,妻子丟下兒子改嫁了,之後過得不幸福就又離婚了,然後又嫁了,還是不幸福就又離婚了,離婚了之後就回去看望孩子和前夫。但是前夫已經結婚了,他跟現在的妻子生活得很好,兩個人一路走來都是手牽手的。後來前妻又回來了一次,一看前夫兩人還是如膠似漆的,就氣不過回去喝藥自殺了。這位前夫有著很強大的心理承受力,他能夠從過去的婚姻中走出來開啟新的人生,孩子也因此得到了很多關心與愛護。反觀這位前妻,她總是生活在痛苦中,雖然一再地改嫁,但並沒有得到快樂。現在,她看到前夫和孩子都不需要自己了,她成為了那個多餘的人了,這生活還有什麼希望?所以就自殺了。

我也接待過很多再婚的家庭,他們真的是雪上加霜,本就是拖了一身的問題沒有解決掉,然後就立即走進另一段關係中。為什麼這麼快速呢?各式各樣的原因,因為寂寞、因為需要有人照顧自己的生活、因為要讓別人看著自己是有家的樣子等等。正因為各人有各人的打算,雙方就會互相猜疑,動不動就會吵架,覺

得日子過不下去了。其實這些人本來就是有創傷的人，他們在心理上還沒那麼快能調整過來，以適應新的關係與家庭。

其實，當你剛離開一段親密關係，自我還沒有修復的時候，你需要先讓自己豐盈，這個過程至少需要兩三年。等你回歸到自我的狀態，才能以一個飽滿的自我再去談戀愛。不能因為孤獨、寂寞、恐懼，或是其他原因，你就隨便找一個人再婚。也有從婚姻裡出來很快就結婚了，並且還過得很幸福，這種情況一般是在婚內就有苗頭了，可能還沒離婚時兩個人就已經勾搭上。這種做法是不鼓勵的。實際上，正是由於還沒離婚，兩個人就開始交往，反倒會在心裡種下危機的種子，雙方都會對另一方能否對自己一直忠誠有所擔憂。

比較理想的再婚狀態，是離異雙方的關係都處理得比較恰當，對孩子的愛護也都足夠，雖說按照法律來說孩子的撫養權交給了其中一方，但是孩子也可以跟對方生活一段時間的。這樣就算雙方都重組家庭，孩子一樣可以來家裡生活，雙方的家庭也都很愛這個孩子。這就很完美了。

再婚家庭的經營

其實關於再婚家庭的經營，不是那麼容易，需要具備一定的心理素養。一是尊重，尊重別人就意味著要放下一部分自

我。親密關係是兩個人的事，只有彼此尊重，才能夠長久地走下去。二是寬容。婚姻中有很多事都需要你去接納、包容對方及其家人，而不再是什麼事都按照你說的來做，這就需要寬容。三是忍耐。在婚姻中，可能有一些事長期不能如你所願，這時你就需要忍耐。四是創新。婚姻裡最可怕的是雙方的關係像一潭死水，你要想辦法變點花樣，製造點小驚喜等。這些是婚姻經營的必備要素。對於再婚家庭，則還需要加上「問心無愧」。

很多人一說起繼母，都是不好的言論。為什麼會這樣？主要是宣傳的作用。就像白雪公主的繼母也是一樣。如果沒有強大的心理資本，根本做不好繼母這個角色。

不管是繼母還是親生母親，妳嫁進了這個家，就不能把自己當外人，妳就是這個家庭的女主人了，從法律上來講妳就是這個孩子的媽媽。如果妳唯唯諾諾，害怕得罪老又害怕得罪小，人家一說妳就敏感，那這日子就過不下去了。孩子做錯事了，你有權利教育他。但教育他並不等於妳不愛他。妳關愛孩子，對孩子好，這才是正常的親子關係。只愛得卻打不得，只哄得卻說不得，這都不是正常的關係。但更不能只有打罵，沒有愛，那就是禽獸不如了。

夫妻兩個人也是這樣的。好的關係是什麼？好的時候如膠似漆，吵架的時候又吵得熱火朝天，剛剛吵完架，夫妻倆就牽

手逛街去了，這叫好的男女關係。一直不吵架或者一直吵架的都不是好的夫妻關係。

在一些再婚家庭中，有些父母會把對孩子的愧疚，都歸結到新任伴侶的身上，讓他們去還自己欠下的債。有時候對方明明已經做得很好了，但他們還是不買帳，還在那挑三揀四的，覺得對方這也沒做好那也沒做好。本來應該是自己的問題，自己對小孩有愧疚，按理說應該自己用實際行動來挽救自己的過錯，現在可好，把問題都推到現任身上了。現任也覺得很委屈，不是自己的問題還被指責，那這以後的日子還怎麼過呢？生活中類似這樣的案例就非常多。

不是誰都有資格離婚的，也不是誰都有資格再婚的。婚姻關係中有很多人被逼無奈才選擇離婚，就像那些每天遭遇家暴的，這就要離！

可是，萬一以後還遇到類似的問題該怎麼辦呢？這就需要找心理諮商師去輔導。某歌手在專訪中自曝，她離婚之後帶著三個孩子，看了三年心理醫生，才從前一段的婚姻情感裡走出來。

總之，再婚家庭要過很多關，過過去的關，過未來的關，過心理資本的關，過內疚的關，過創傷的關，如果這些關都過不去的話，那就不要想再婚了，就好好地自己一個人過。

離婚並不是你的錯

　　有些女性離婚後，會覺得很丟臉，她們覺得自己的婚姻是失敗的，被詢問家庭情況、婚姻狀況時，就支支吾吾、躲躲藏藏，好像離婚就是犯了天大的過錯。還有一些父母，女兒離婚了，就各種教訓，覺得家裡的臉都被女兒丟光了。這種文化其實是很糟糕的。

　　如果在婚姻中受苦，我們就要及時走出婚姻。我們走出婚姻以後，一定要告別過去。我們如果要重新走進婚姻的話，就要具備比較高的心理素養。

　　在本章臨近尾聲的時候，我表達一個小祝願，希望未來的社會，都不是因為有誘因而離婚，不是因為過得太孤獨而立刻再婚，也不會因為有創傷而不敢再婚。我希望未來的再婚是因為真正地告別了過去，好好地再次啟航，帶著像 18 歲一樣的熱情去追求人生的幸福美好。

心理成長小技巧

　　請在生活中找 5 件你熟悉的物品，然後賦予每個物品 10 個與以往完全不同的使用方式。請在兩週內完成這些創新思考，並且分享給你的家人和朋友們。

第十六章　再婚家庭的經營

第十七章
孩子是婚姻的報警器

　　我們在做親子教育諮商和孩子的心理輔導時，會發現一些孩子的問題實則是家庭的問題，要解決孩子的問題首先需要家長接受輔導。反過來說，我們在做夫妻關係諮商的時候，往往也會涉及孩子，當我們從孩子的角度來看夫妻關係時，就會發現很多夫妻問題很大一部分是與孩子有關的。

婚姻關係作用於親子關係

　　對於婚姻關係作用於親子關係的機制問題，目前學術界主要存在兩種假設，分別是溢位假設和補償假設。

　　溢位假設認為，婚姻品質較高的父母會對兒童表現出更多的接納態度、情感和行為，對兒童的需要也更加敏感，從而使得親子之間產生更多的安全依戀。但是，在婚姻中衝突比較多的父母，則會把注意力更多地集中在雙方的爭吵和情緒化行為上，很少去關注兒童的需求，從而導致兒童對父母產生疏離和不信任，引起親子關係的緊張。

補償假設則認為，婚姻關係與親子關係之間是一種負相關。在充滿壓力和矛盾的婚姻關係中，夫妻雙方無法獲得情感上的親密和心理上的滿足。因此，父母會轉而從親子關係中尋求補償，雙方對孩子會傾注更多心血，力求與孩子保持親密的關係。此外，當兩人世界變成三人世界後，孩子會花費夫妻更多的時間和精力，此時孩子有可能成為婚姻關係中的障礙，所以良好的婚姻關係可能會排斥親密的親子關係。

雖然兩種理論假設都對婚姻關係與親子關係之間的作用機製作出了解釋，但溢位假設獲得了更多實證研究的支持，而支持補償假設的證據則很少。這說明溢位假設更合理，經歷不幸婚姻的父母更容易對孩子表現出冷漠和情緒化的行為，從而造成親子關係的惡化。

研究者還發現，經歷低品質婚姻關係的父母，在撫養孩子的過程中，更容易出現矛盾。一方面，婚姻關係的緊張會導致夫妻雙方不能靜下心來溝通孩子的教育問題，往往一言不合，就會吵起架來，或者直接走人；另一方面，處於婚姻衝突中的父母一方，往往會和對方唱反調，對方想要這樣，自己偏不允許，這種行為雖然達到了對抗另一方的目的，但也會使兒童無所適從。可見，父母會把婚姻關係中的矛盾和衝突帶入孩子的撫養過程中，進而影響到親子關係。

媽媽不幸福，孩子也跟著遭殃 ··················

　　婚姻關係會影響親子關係。當我們從親子關係的視角來看待夫妻關係時，就會發現很多親子不協調的問題都是和夫妻關係有關的。不少媽媽可能會有這樣的感受：平時覺得孩子挺可愛的，我也非常愛他，可是他一犯點小錯，我就控制不住脾氣了，甚至還會動手打他，事後想想又很後悔。下面我們要分享的這個故事，就存在類似的煩惱。

　　這位媽媽有一個 10 歲的孩子，她在教育孩子的時候總是沒有耐心，每次發完脾氣後又覺得很後悔。她知道自己的問題出在哪，就是在教育孩子的時候沒有尊重孩子，沒有及時地鼓勵孩子。但就算知道問題在哪也沒用，她沒辦法做出改變。她希望丈夫能夠幫助她。以前和丈夫有什麼不開心的，丈夫總是會讓著她，但是現在丈夫總和她爭執。有時候反而因為丈夫的加入，他們會在孩子面前大聲爭吵。她對丈夫的不滿就這樣日益累積著。如果孩子稍有不如意的表現，她這些不滿就一股腦地發洩在孩子身上。這位媽媽想先從自己身上改變，但又怕自己越弄越糟。

　　這位媽媽把對丈夫的不滿全部發洩在了孩子身上。透過打孩子，引起丈夫注意，這顯然是下策。上策應該是什麼？告訴丈夫，我需要你，哪怕直接告訴丈夫說：「你再不對我好，我就

打你兒子。」這也比透過打人的方式來引起丈夫的注意好。因為
這樣至少兒子了解情況,知道媽媽為什麼打自己,可能之後兒
子就站在媽媽的陣營,幫助媽媽喚回爸爸的愛。這位媽媽一直
不說,導致的後果有:第一,丈夫不知道,她打孩子也產生不
了什麼效果,孩子也白捱打;第二,她打孩子,孩子會認為是
自己做得不好,惹媽媽生氣,長時間下去,會導致孩子形成怯
懦、自卑的性格,這很不利於孩子的健康成長。

　　婚姻中的女性不幸福是很可怕的,不光是自己,小孩也會
跟著遭殃。雙方的戰爭號角一旦吹響,孩子便成了代罪羔羊。

　　我記得我剛做諮商不久時,有一個男孩來諮商,他一開始
諮商的問題,是他在公司裡跟男上司關係不好。他覺得這位上
司人品不是很好。我讓他說出具體的事實,他說不出來,只是
憑感覺,覺得上司為人虛偽奸猾。我就用精神分析的理念去替
他做諮商,讓他談談他和父母的關係,他就講述了自己的家庭。

　　男孩在十幾歲時考上了五專,讀的是電信電纜科,畢業之
後就被介紹到相關企業工作,他進入了一個電信公司就職。他
的父親常年不回家,一年也就回來一次,有時候回來了還跟媽
媽吵架。他媽媽抱怨自己命苦,感到活著沒有希望。他和弟弟
妹妹十三、四歲了,還跟媽媽睡一張床。有一天,他在上學的
時候,有人來告訴她,他媽媽自殺了。他知道媽媽自殺後,就
趕回了家裡。男孩在講述這些的時候,好像也沒有多麼哀傷,

也許媽媽的死對他來說是一種解脫。因為媽媽生前過得不開心，控制他們，打罵他們。

隨後，我就用心理劇的方式，讓男孩和父親對話。結果發現男孩在潛意識裡對男性有一種怨恨的態度，因為他對父親有一種怨恨，怨恨他沒有盡到父親的責任，這種怨恨就泛化到了其他男性身上。這次諮商之後，男孩認清了自己的這種偏見，和上司的關係也慢慢緩和了。他不再帶著異樣的眼光來看上司，工作也越來越出色了。

我有時候會問一些男性來訪者：「你愛你的妻子嗎？」有人回答：「不愛！」我問：「那你愛你的孩子嗎？」他回答：「愛！」我說：「那你要愛你的妻子。」他問：「為什麼？」我說：「因為媽媽對孩子的愛和教育，直接影響孩子的人格。媽媽過得不好，不開心，孩子也會跟著遭殃的。」可很多人都沒有意識到這一點。

加大對女性的幫助

現在青少年問題很嚴重，我們一開始幫助孩子，後來發現要幫助老師，幫助家長，最後發現只幫助家長效果不大，我們還要幫助他們的婚姻，最主要是幫助婚姻中的女性。

很多人對女性有一種偏見，比如哪家的女人跟別的男人跑

了，就會唾棄她，卻不知她為何這樣做的原因。女人的天性就是母愛，她把自己的孩子拋棄跟別人跑了，是因為她實在忍不下去了。要不就是被男人忽視，感受不到愛；要不就是有家庭暴力，她忍受不了。

許多國家的法令中有婦女保障法，心理學工作也應該有「女性心理輔導」的概念。現在女性心理學研究者很少，女性心理輔導基本上也較為罕見。女性心理學研究不能只停留在研究女性的心理及其發展規律上，而應該運用一些技巧方法服務於女性。

有社會學家說，人類學是為人類服務的學問，而不是只研究人的學問。心理學也是如此，心理學是為人們服務的學問，而不只是研究人的心理活動的學問。家庭心理服務應該是運用心理學方法，服務於家庭成員的學問，而不是只研究家庭中發生了什麼。這就是我們一貫所說的，心理學不要只是高高在上，而應該真正地走下高臺。

當今社會需要加大對女性的幫助，應該有更多的關於女性健康的公益廣告。這些公益廣告不僅是家庭中關於「孝」的公益廣告，小孩子對著媽媽說「媽媽我愛您」，也應該有「老婆，你辛苦了」這樣的廣告。其實關於對父母的孝順，我們自古就有，我們更缺少的是對女性的關懷與重視。

上文的案例，男孩的問題與家庭因素有很大關係。媽媽沒有得到爸爸的愛，她沒辦法去經營好自己的婚姻，她沒有心理

能力去教育自己的孩子，這其中與爸爸放手不管有很大關係。

從人性的角度來說，愛護弱者，這是人之本性。就算男人不愛自己，但是為了孩子，女人也應該好好生活。可是，有些女人把男人不愛自己的事實轉為憤怒，全部發洩在孩子身上，發洩完之後，還很後悔。後悔是因為作為母親的良知，憤怒是因為她控制不住自己而產生的那種情緒。女人把對丈夫的情緒發洩到孩子身上，希望丈夫關注到她，但丈夫對她並不上心，她才向自己的孩子下手。

女人控制不了丈夫，就只能控制孩子。孩子往往是媽媽最後的一根救命稻草。現實中有的女性自殺，某種程度上是因為連孩子都控制不了，她連最後的希望都沒有了。丈夫對她不好，受公婆的氣，回娘家又不能說，孩子又不聽話，在她看來自己已經沒有活著的意義了，所以就選擇自殺。

如果我們都能夠重視女性在孩子成長過程中的關鍵作用，就不會出現那麼多的婆媳問題，那麼多的女性被家暴，那麼多的女性自殺的現象了。

小孩是婚姻的報警器

有一對夫妻，家住在教育資源比較缺乏的地區，媽媽想讓兒子接受更好的教育，就帶著兒子去資源更多的城市的幼兒園

面試。面試通過之後，她就帶著兒子在當地讀書。這位媽媽還有另外一個孩子，那個孩子還不到上學的年齡。現在她帶大兒子到城市讀書，丈夫就帶著另外一個孩子在原處生活。媽媽每隔一個星期或兩個星期才帶著大兒子回家一趟。

聽起來，媽媽好像是為了教育，想要兒子受到一種比較好的教育才這樣做的。可是要一家人分開，這樣真的是好的教育嗎？況且這種分居狀態跟離婚又不一樣。離婚的意圖很明顯，父母都很愛孩子，但兩個人不適合生活在一起。而這樣為了孩子受到更好的教育而分居，怎麼看都像是一種對婚姻的逃避。

其實，有時候兩地分居是選擇問題。捨棄一些東西，就會獲得一些東西。比如，一個人在小城市工作，薪水一個月兩萬元元，在大都市就會翻倍，但他捨棄大都市，選擇待在小城市，和孩子一起享受天倫之樂。這就是一種選擇。現在很多家庭兩地分居，是為了逃避。可能夫妻倆在一起就會不適應，會產生矛盾，無法繼續經營婚姻，雙方就達成了分居的共識。由於工作的原因造成的兩地分居，或者是孩子上學造成的兩地分居，這背後是有動力問題的，可能就是夫妻雙方眼不見心不煩。

還有一些夫妻即使在一個屋簷下，由於心理層面的不互動，也是有隔閡的。這是一種婚姻關係的隔閡。雙方盼望著熬過這些年，熬到最後，還是擁有完整的婚姻、完整的家庭，在外人看來，他們還是很恩愛。這其實是不健康的婚姻關係，對

孩子的影響也不好。因為教育是愛的教育，是環境的教育，是父母雙方和孩子互動的結果。父母感情好不好，透過言行，孩子是能感受出來的。現在有一種矯正學校，有一部分進入這種學校讀書的孩子，就是由於父母婚姻出現問題導致孩子也出現了問題。父母不化解婚姻問題，而是把孩子送進這種學校，這樣顯示不出孩子的問題就了，夫妻雙方就不會再因為孩子的問題而吵架了，彼此的緊張關係外人也看不出來了。這其實是犧牲了孩子來維護夫妻形象。

孩子不是婚姻中的紅燈，而是婚姻中的報警器。孩子有問題了，就是父母的婚姻出現了問題，必須挽救。父母不能打著救孩子的旗號，把他送到矯正學校。

因為父母沒有愛的能力，沒有照顧好自己的孩子，導致孩子出現了問題，現在反過來又說孩子的不是，孩子真是太冤枉了。比如，有的家長帶著孩子出去見朋友、見親戚，總是要求孩子向叔叔阿姨問好，如果孩子不說話，他們就會責怪孩子。其實家長有沒有想過，孩子現在表現的一切，都是父母對他教育的結果。父母不老老實實地接受，還遷怒到孩子身上，這是不是太不應該了？

改善夫妻關係

　　孩子是家庭的代言人，又是婚姻的報警器。父母感情怎麼樣，基本上透過孩子就能看得出來。以前，我們說孩子的問題是家庭造成的，但是我們沒有具體說明什麼家庭問題造成了孩子的問題。現在發現，婚姻問題對孩子的影響是巨大的。我們應該從孩子身上，看看夫妻關係應該怎麼改善，怎麼調整。

心理成長小技巧

　　每天和孩子相互交流一下今天對自己滿意的三件事。把自己對自己滿意的三件事真誠地分享給孩子，也認真傾聽孩子對自己滿意的三件事。在傾聽孩子講述的時候，做到尊重、接納、不分析、不評價、不建議，可以向孩子描述一下自己聽完的感受，例如：「孩子，聽你說到……（客觀描述一下孩子剛剛所說的內容），媽媽心裡也覺得很高興。」

參考文獻

1. 梁宗保、張光珍、鄧慧華等〈從婚姻關係到親子關係：父母情緒表達的仲介作用〉。

2. 梁宗保、張光珍、陳會昌等〈父母元情緒理念、情緒表達與兒童社會能力的關係〉。

3. Easterbrooks,M. A., Emde,R.N.Marital and parent-child relationship: Role of affect in the family system. In R.A.Hinde & J.Stevenson-Hinde (Eds.), Relationships within families: Mutual influences (pp.83-103).New York: Oxford University Press.1988.

4. Erel O., Burman B..Interrelatedness of marital relations and parent-child relations: A meta-analytic review.[J]. Psychological Bulletin, 1995, 118(1): 108-132.

第十七章　孩子是婚姻的報警器

第十八章
愛情旅程四線道

　　在兩性關係中，兩個人的性價值觀是很重要的。很多人離婚的時候去辦離婚，問他們為什麼離婚，很多人回答：「性格不合！」好像「性格不合」就是一個菜籃子，什麼菜都可以往裡面裝。其實有很多時候，我們說的「性格不合」只是藉口，只是不想表達真實原因而已。性價值觀的不協調可能就是其中之一。

第一車道 ── 嚴格的婚戀限制 ⋯⋯⋯⋯⋯⋯

　　隨著時代的發展，我們對愛情、婚姻的很多思想觀念發生了變化。大部分國家都有關於婚姻的法律，法律內容多關於一夫一妻、男女權利平等、保護婦女和子女合法利益等。從前在法令尚不健全的情況下，許多人會娶多個老婆，在婚姻相關法令實施後，這樣的情況就十分少見了。此時的愛情、婚姻、性都是單行道。一個人如果婚內和其他人交往，就是違法侵犯了配偶的權利。

　　有一部電影裡講到一對戀人在性價值觀方面的衝突。女孩的父母是大學教授，她的思想比較保守。男孩從外國留學回

來，思想比較開放。男孩就覺得可以先試婚，如果感覺好就結婚，不行就分開。試婚的話，就要發生性關係，女孩堅決不同意。每次男孩有那種想法，女孩就激烈地反抗。一開始，女孩覺得男孩心理有問題，初夜是要留在結婚當晚的，怎麼可以這麼隨便呢？再說，談戀愛就是準備結婚，為何非要試婚呢？男孩心裡也在懷疑女孩是不是真的愛他。這個女孩就是第一車道上的人。

受長期傳統思想的影響，現在仍有女性依然覺得自己的初夜給了一個男人，就要嫁給他，即便婚姻生活不快樂，也要忍受下去。性在華人的文化裡，是很隱祕的話題，也是很神聖的話題，有些人甚至把性看得比生命還重要。

第二車道 —— 出現了婚外情 ⋯⋯⋯⋯⋯⋯⋯

在過去，婚姻和戀愛基本上都是單行道。但是隨著經濟的開放，社會風氣也跟著進步。越來越多的人從以前的性保守主義轉投入性自由與性開放的文化中，婚外情開始在婚姻的舞臺上上演，離婚人士也越來越多。

早有學者對離婚的原因進行了分析，他們發現，由於第三者插足導致離婚的機率越來越大。

其實，我們每個人剛開始都是第一車道的人。如果不考慮

婚姻忠貞，有些人就會轉向第二車道，甚至會同時擁有好幾位性伴侶。在他們的觀念中，不認為這是忠貞問題，而是男人的「面子」問題，於是就這樣盲目跟隨潮流去出軌。

為什麼會有這麼多婚外情出現？現在人們不再為吃喝煩惱了，追求精神上的享受已是一大趨勢，這種精神上的愉悅也包括對甜蜜愛情的追求。如果妻子不能滿足丈夫對愛情的幻想，有些男人就會在外面尋找自己心儀的對象，追求自己浪漫的婚外情。另外，也有些女性主動對已婚男子士投懷送抱，這時男人能不能禁得住誘惑，就得看他對現階段婚姻的態度了。如果男人對現階段的婚姻很滿意，他就不會做出出格行為；反之，兩人一拍即合，你情我願。

當然，「婚外情」不是男性的專利。在這「男女都一樣」的時代，女性也更多地走出家庭。她們不太願意受倫理的約束，為了自己的幸福，也會大膽追求或者接受那份在她們看來能帶來幸福的「感情」。有些女性是貪圖物質享受而出軌，有些則是尋求精神安慰而出軌。但不管是哪一種出軌，都反映了女性對現階段的婚姻不滿意。人們對婚姻不忠貞，儘管存在著內在自我需要滿足的心理動機，但他們對家庭責任感的丟失依然是不容忽視的。正如個體心理學之父阿德勒所說，如果誰認為在愛情裡三心二意是正常的，他就不適合結婚。如果兩個人都想要自由，那麼他們就沒有真正的愛情。如果一個人同時愛上兩個

人，兩個都愛他才感到自由，那這其實意味著這兩個他誰也不在乎。由於「承諾」這個重要愛情元素的缺席，人們在第二車道其實找不到真正的幸福。有些人在第一車道時，一些內在自我的需要沒有滿足，他們在第二車道很快也就會發現，對方也只能滿足其一時，而滿足不了其一世。

因此，無論男人還是女人，自我成長依然是最為重要的。只有自己成長到有幸福的能力了，才會具備在愛情裡自如變換自我角色的能力，才能實現父親自我、男人自我、內在小男孩、母親自我、女性自我、內在小女孩六個角色與時俱進的相互搭配，並且擁有對家庭文化進行融合的能力，才能經營得了幸福的婚姻。

第三車道 —— 同性戀族群 ·······························

隨著經濟繼續發展，社會越來越開放，又出現了第三車道，這個車道主要是同性戀行走的。

同性戀並不是現在才有的，早在戰國時期，西元前 243 年前後，就有一位被歷史記載的同性戀者龍陽君。龍陽君像女子一樣婉轉媚人，得寵於魏王，因此被封為龍陽君。魏安釐王對於龍陽君的特寵，也使得「龍陽之好」成了同性戀的代名詞。漢哀帝與董賢共寢，董賢壓住了皇帝的袖子，皇帝不忍驚醒他，

「斷袖而起」，這又是一個著名的同性戀故事。從前同性戀者在全世界受到很多不公平的對待。1969 年，同性戀族群爆發了，他們在美國進行了大規模的遊行活動，據說有四百萬人參加遊行。他們的反抗是有效果的，一些國家相繼透過了「同性伴侶法」或「同性婚姻法」，承認同性戀者的結合可以享有與異性婚姻同樣的權利，包括給予對願意結合成配偶的同性伴侶與異性婚姻相同的社會福利、保險、財產繼承權利。

有些同性戀者在日常生活中，往往向家人隱瞞自己的性傾向，不得已還會選擇與異性結婚。有時候試探性地問身邊的朋友，對同性戀的看法是怎樣的，大部分人都會說，「只要我身邊的人不是同性戀就好了」。他們得不到家人及朋友的理解與尊重，生活得很壓抑。

自同性戀產生以來，人們就沒有停止對其成因的探究，那麼同性戀是怎麼形成的呢？

美國國立癌症研究所的丁·漢默發現同性戀與基因有關。X 染色體上有一個叫做 Xq28 的基因，是這一基因決定了人們在性傾向上是同性戀。漢默調查了 40 名男性同性戀者，經他們同意提取其細胞做基因檢測。結果發現，這 40 人中，有 30 多人 X 染色體中具有相同的 Xq28 基因，因此認定 Xq28 基因可能控制著男性的同性戀行為和傾向。不過，也有人對這一結果產生懷疑，因為據說漢默本人就是同性戀者。但隨後的一些研究也不

斷地表明，同性戀的確與基因具有某種聯繫，有其內在的生物學基礎。

除了生理因素外，社會因素和心理因素也是導致同性戀傾向的原因之一。其中比較有影響力的觀點主要有精神分析學說和行為主義學說。

佛洛伊德認為個體在幼兒時都具有兩性特質及雙性戀特性，到底發展成同性戀還是異性戀是與其成長經歷有關的。他認為 4 ～ 6 歲是兒童性別認同、性別角色發展的關鍵時期，在此期間兒童有著強烈的「戀父情結」或「戀母情結」，對異性的父母有著本能、強烈的依戀情感，而對同性別的父母則產生敵對情緒。父母如果在此期間對兒童的這種本能不過度刺激也不過度抑制，兒童就會順利透過這一時期而隨後逐漸對同性父母產生認同。反之，如果在此期間兒童遭受心理創傷，隱藏在潛意識裡，並且在青春期時表現出來，就可能發展為同性戀。

行為主義者認為，同性戀由環境影響形成。一個人在青少年時期，如果在與異性交往中受挫或者有過不快的經歷，他的異性情感沒得到正常的發展，如果此時又受到了同性方面的引誘，就可能產生同性戀傾向。

雖說學者們對同性戀的成因進行了許多方面的探究，但是彼此間的因果關係及作用機制問題尚未統一定論，所以要想清楚地了解同性戀的成因，我們還有很長一段路要走。

第四車道 —— 頂客一族 ··························

頂客是 DINK 的諧音，DINK 是英文「Double Income, No Kids」的縮寫，意思是「雙收入、無子女」。所以頂客一族的基礎特徵就是夫妻雙方都有收入，但是他們不想生孩子。

頂客一族一般受過高等教育，他們有比較高的教育程度與較高的收入，他們一方面全心全意地投入工作，另一方面注重精神享受。他們從父母身上看到了，父母為孩子操勞一生，並捨棄掉了自己想要的生活與事業。他們不想走父母的老路，不想成為「孩子奴」。透過頂客一族的特點，我們很容易看出女性在頂客家庭中的作用。一個家庭是否願意頂客，選擇權也往往掌控在女性手中。因為有了孩子，女性就要承擔更多的義務，就要花費更多的時間與精力來照顧家庭，她們可能就要捨棄浪漫的情懷，可能要放棄工作，取而代之的是洗衣做飯、柴米油鹽這些生活瑣事。她們不願意捨棄自己的私人空間，不願捨棄二人世界，所以頂客就成了很多女性的選擇。

以前，不生孩子的家庭會被當作異類，不僅要受到親戚的指責，還會受到鄰居、朋友的嘲笑。但是現在這樣的事已經不足為奇了，要不要孩子完全由夫妻二人決定，旁人也很少插手了。這種家庭已經慢慢被社會大眾所接受和承認。

總之，現在的婚戀觀念、性價值觀正在一步步地走向開放。從單一車道拓寬為四車道，這是人們追求多元化的結果。

雖然現在關於性的話題仍不是很開放，但與過去相比，我們的進步也是明顯的。

心理成長小技巧

　　在一張 A4 紙上，畫一條大道，名叫「幸福大道」。然後，想像這條幸福大道上，走來一個動物，把你想到的這個動物畫出來。然後，在這張 A4 紙的背面，為這個動物編一則關於它的幸福的神話故事。寫完這個故事後，想一想這個故事給自己帶來哪些啟示。

參考文獻

1. 侯磊《建國初期全國禁娼運動述論》。
2. 韓頓《建國初期新型婚姻家庭關係下的婦女解放研究》。
3. 胡翼青〈從「禁慾」到「縱慾」：1950 — 1970 年代中國人的性觀念〉。
4. 孫小蒙《從心理學角度探究「婚外情」現象》。
5. 李淑華〈婚外情：法律制裁與道德約束缺一不可〉。
6. [奧] 阿爾弗雷德‧阿德勒（Alfred Adler）《自卑與超越》（*What Life Could Mean to You*）。

7. 呂莉〈同性戀：一個沉默的族群〉。

8. 童莉〈中國首次公布男同性戀人數及感染 HIV 病毒情況〉。

9. 〈同性戀不全屬心理異常科學家認為存在同性戀基因〉。

10. 于茂河、王栩冬〈男性同性戀成因的研究進展〉。

11. 李陽、張延華、張海霞〈同性戀形成機制探析〉。

12. 馬文靖〈淺析同性戀成因中的心理、社會因素〉。

13. 郭棟〈丁克（DINK）家庭與青年生活方式的變遷〉。

14. 潘允康《當代中國家庭大變動》。

15. 吳海華〈從頂客家庭看現代社會生育觀念的轉變〉。

第十九章
女人你的名字不是弱者

　　女人應該怎麼做，才會有美好的愛情、美好的婚姻呢？我們之前講的婚姻故事，很多都是把婚姻不幸福的原因歸因在別人身上。但是，我們不能把自己的幸福建立在別人的能力、慈悲上，我們要從自身找原因。那麼，我們在婚姻中應該怎麼做才會擁有幸福？我們要怎樣掌控自己的人生？

經濟、精神的依賴與獨立

　　隨著社會風氣開放，人們的生活方式及觀念都發生了深刻的變化。作為社會的細胞，家庭中夫妻的關係也呈多元化狀態。儒家傳統的「男主外女主內」的關係已不是必然，雖說這種傳統思想仍在相當程度上影響著華人圈的家庭倫理關係，但也並不是「女人頂著半邊天」，如今的夫妻關係是介乎兩者之間的、既依賴又獨立的關係。

　　婚後，夫妻雙方生活在一起，除了精神上的相互連繫之外，還有經濟上的連結。基於此，根據經濟和精神上依賴程度的從弱到強，有學者將婚姻內的關係分為經濟與精神的雙重獨立、

經濟依賴和精神獨立、被動型精神和經濟的依賴、主動型精神和經濟依賴四種類型。

1. 經濟與精神的雙重獨立

　　能夠做到這種狀態的女性，不再懼怕離婚。如果遇到丈夫家暴或者出軌的狀況，女方會直接遞上離婚協議書，即便有了孩子，她們也會奮力爭取孩子的撫養權，她們不會擔心以後的路，也不懼怕開啟自己新的人生。有研究顯示，離婚女性並不比處在婚姻衝突中的女性更難過，儘管剛離婚時體會到憂鬱和痛苦，但在離婚兩年後，女性要比她們在婚姻的最後一年過得幸福。

2. 經濟依賴和精神獨立

　　東方的傳統文化認為女人就應該在家庭中相夫教子，成為某個男人專屬的傳宗接代的工具，而丈夫則承擔著養家餬口的任務，這樣的家庭才是幸福的家庭。但是，傳統文化中的幸福在新時代多少都會有些缺憾。事實上，女性如果在經濟上依賴丈夫，以婚姻來交換金錢，多少都會遭到丈夫及其家人的輕視。這樣的女性是不幸的。

3. 被動型精神和經濟的依賴

　　傳統的性別角色定位，使女性固定在照顧家庭和孩子的角色中，讓女性越來越依賴男性，最終成為男性的附屬品。愛情

對女性來說顯得更為重要，但是也帶有極強的工具性。對男性來說，愛情只是他人生中的一部分。而對女性來說，守著一位事業成功、地位顯赫的丈夫則是她們生活的重重心。深受這種傳統文化影響的女性，她們在精神和經濟上完全依賴丈夫，就算自己心裡不舒服，也會甘願守著自己的丈夫與孩子。

4. 主動型精神和經濟依賴

　　這類女性相信與自己相比，男性能夠更多地在社會上占有資源，他們具有更高的受教育程度、更多的工作經驗，並且男性事業有成，收入頗豐，整個家庭也會過得很好。既然「捨己保夫」的行動策略能夠使全家獲益，何樂而不為？出於家庭利益的考慮，女性做出了自我犧牲，這就是主動型精神與經濟依賴。

　　在這四種類型中，只有經濟與精神的完全獨立，才能使女性在婚姻關係中享受到平等、尊重的待遇。可是，現階段有多少接受過高等教育的女性做到了這些呢？這是一個很現實的問題。

女性獨立和幸福感

　　要研究婚姻中女性的依賴和獨立，不可忽略女性的幸福感。幸福感，就是主體對於幸福的一種感覺。它受到許多複雜因素的影響。經濟因素，例如就業狀況、收入水準等；社會因

素，例如教育程度、婚姻品質等；人口因素，例如性別、年齡等；文化因素，例如價值觀念、傳統習慣等；心理因素，例如性格、自尊程度等。

女性透過職業經歷增加獲得資源的能力。工作不僅可以帶來社會地位，還能帶來滿足感和幸福感。有學者曾對女性有無工作與幸福感的關係進行研究，結果發現職業女性的幸福感指數稍高於全職家庭主婦的幸福感指數。由於華人普遍缺乏對家事勞動價值的認可和尊重，而且全職家庭主婦通常與沒有財政支配權利、家庭地位降低、放棄自我發展、與社會脫節等消極後果關聯，所以全職家庭主婦的幸福感並沒有因為避免了「工作 —— 家庭」衝突而提升，反而會降低。

一般來說，男性透過在事業上獲得金錢、權力和威望來得到成就感，而女性則不同，她們更傾向於透過職業來發展自由和獨立的感覺。在婚姻生活中依賴性強的女性，尤其是沒有工作的女性，當失去了收入的保障，她們的婚姻品質就會降低，幸福感也會隨之降低。

另外，性別角色觀念也會影響其幸福感。有研究顯示，無論是未婚女性還是已婚女性群體，性別角色保守者的幸福程度明顯低於性別角色開放者。由於性別角色觀念涉及對兩性的不同社會期望，尤其包含了對女性能力、價值和社會地位的貶低，這可能會影響女性自尊。在已婚家庭中，保守者這種有損

女性自尊的觀念可能會破壞夫妻關係，降低雙方幸福感；而開放、平等的性別觀念能提升女性自尊，從而提高女性幸福感。

掌握自己的人生

有一個女孩，在家排行老大，家中兄弟姐妹多，她從小就要挑起照顧家庭的重任，幫父母賣菜和做生意。認識男友時，女孩還不到 20 歲。男友家庭富裕，從小就很受父母寵愛，屬於花花公子的類型。戀愛過程中，男友不斷有新的女朋友。女孩個性很好強，一旦發現他有新女友，就不聲不響地中斷關係，不接他電話，也不找他。可是，過一段時間，男友又會來找她，於是便會復合。就這樣分分合合過了兩年，20 歲的她，嫁給了 22 歲的男友。

剛結婚，她就懷孕了，為了幫忙丈夫的生意，她辭掉了自己的工作和丈夫一起創業。當時丈夫的生意剛剛起步，可他一點都不努力，每天只顧著玩，經常玩到凌晨兩三點才回家，身邊也會有不同的女人出現。她原以為結了婚他會改變，沒想到結婚後還是這樣。

兒子 3 歲那年，丈夫又有了外遇，她決定離婚。可是，考慮到兒子還小，自己能力有限，如果重新找工作，可能還要失去兒子。與其如此，還不如先把眼前的事業打理好。於是，她

開始開拓自己的生意，到了她 28 歲那年，她的事業已經做得很不錯，也積蓄了不少資金。可是，丈夫一如既往地不關心家，不管兒子，每天在外面風花雪月。

受夠了丈夫的無情，她決定離開他一段時間。她辦好手續，告訴丈夫要去英國讀書，丈夫根本不相信。因為她之前一直沒有離開過丈夫，別說坐飛機，連縣市都沒出過，丈夫不相信她能一個人飄洋過海到英國去讀書。當時兒子剛上小學一年級，在學校寄宿，她心裡也是萬分不捨，卻不得不咬牙下定決心。她覺得如果自己留下來，和丈夫的婚姻就真的結束了。

當她把機票拿給丈夫看時，他突然變得很傷感。這是他們認識 10 年來從未有過的。那幾天，他開始每天回來吃飯，陪她一起去公司，一起去買東西，完全像變了一個人。

她飛往英國，開始在那邊讀書。半年後，學校放假，她問丈夫：「想不想我回去？」他想了一下，說：「想。」這對他來說是很難得的，過去他總是對別人抱怨，後悔這麼早結婚，後悔娶了她。她想，既然他想她回去，那她也應該給他一個機會。

重返家鄉，一切都不一樣了。她不再每天追著丈夫問他在哪吃飯，跟誰在一起，也不會一見不到他就到處去找他。她有了自己的朋友和自己的圈子，開始了與過去不一樣的生活。她本來想放完假再回去讀書的，可是沒想到回到家鄉沒多久，發現自己又懷孕了，只好留在家鄉。

可是，沒過多久，她就發現丈夫又有了外遇。當時，她挺著大肚子，心情非常憂鬱。她哭了一個晚上，第二天自己出去買了間房子，毫不猶豫地搬出家門。後來，女兒出生後，丈夫希望她繼續幫忙家裡事業。她覺得，無論夫妻感情變得如何，事業都是不能放下的。所以，女兒一滿月，她馬上就開始工作。

漸漸地，丈夫也開始懂得收斂，回家的次數越來越多。她也懂得了愛情不是一個女人的全部，她還有事業，還有家庭，還有父母需要照顧。每當她很累時，她就會一個人跑到遠處旅遊，讓自己舒緩壓力，工作時又可以精神飽滿。

這位女性的故事，讓我想起了我的心理治療小說《誰在掌控你的人生》那本書。書中的主角在人生的旅途中遇到許多挫折和考驗，尤其是在情感關係上，但她最終沒有放棄自己，找到了生命的意義，做回了最真實的自己。

在我 20 多年的職業生涯中，無數個女性朋友曾向我講述她們婚姻中發生的故事，但大多數人只是在不斷的訴苦中繼續妥協，我把她們的婚姻稱為「妥協的婚姻」。她們精神緊張地在一場場大大小小的「婚姻保衛戰」中抗爭，但大多都在這個過程中失去了自我。這讓我們更清晰地看到，在婚姻保衛戰中，真正和自己戰鬥的人是誰？是自己的內心。

只要你自己不放棄自己，只要人格獨立，有手有腳，是不會生活不下去的。幸福還是屬於你的。我們講婚姻愛情的理

論，講愛情心理學的方法，但是最後也是繞不過自己。我們可能會學到很多方式挽留丈夫，但讓自己閃閃發光才是最有效的途徑。

女人要三分堅強，七分溫柔 ……………………

女人歸根到底還是要有「三七分」，就是三分堅強，七分溫柔。如果一個女人七分堅強、三分溫柔，那麼不僅男人很受苦，孩子也會不好，自己也會不舒服。反過來，男人也應該是「三七分」，就是三分的溫柔如水，七分的剛強、勇敢打拚。這是非常重要的。

女人你的名字不是弱者，因為女人是水，水是最柔的，水也是最剛強的。

男人是很剛強的，但是男人很容易被折斷，而女人往往是柔中帶剛。所以，女人並不是弱者。故事中，女孩展現了很多她剛毅的部分。這讓我們更加堅信，一定要幫助婚姻中的個案提升其心理優勢，比如自強自立的性格，雙方一旦都具備了，夫妻合在一起，婚姻品質就上升了，所以婚姻治療就是提升夫妻的心理優勢。

有一位線上課程學員曾分享了她的經歷：「我現在是一位家庭主婦，沒有自己的工作。以前覺得為了丈夫和孩子做一個家

庭主婦，會有很多的抱怨，很羨慕其他女性有工作，有自己的工作事業，覺得自己一無是處。但是，我現在在線上課程學習心理學，就改變了自己的認知。現在如果有人問我為什麼不去上班。我很堅定地說，我要在家裡照顧小孩，照顧丈夫，我想用心地幫助我的家庭。這是我以前從沒有過的想法。現在我學習心理學，偶爾做自己喜歡做的事。我發現當我有了自己的喜好，丈夫就開始有危機感了。那一刻我真的覺得，其實自己還是挺有魅力的，很開心被丈夫在意。」

所以，即便是家庭主婦，只要找到自己喜歡做的事，還是一樣可以充實自己的生活，還是一樣可以過得很快樂。男人其實很矛盾，一方面他希望自己的妻子乖乖聽話，另一方面他又不喜歡太聽話的女人。如果妻子真的聽話，他又覺得很失望；如果妻子真的不聽話，他又覺得很害怕。很多男人在心中都會把妻子當成母親的一部分。我們希望母親是自立自強的，是有力量的，是有自我的。我們不喜歡一個窩囊的女人，也不喜歡一個沒有自我的女人。女人一定要活出自我，活出自己的價值，不能把自己的幸福僅僅依靠在男人的臂膀上。

我為自己而活

前面故事中的這位女性，她去英國學習，回來以後丈夫對她不同了。雖然後來丈夫又出軌了，但是沒關係，她的幸福不

261

建立在別人的意志之上，她繼續走她的路。這是很關鍵的。不為別人而活，她為自己而活。

我身邊有一個朋友，她當時嫁給了一個離婚的男人，那個男人和前妻離婚後，有個孩子在身邊，所以男人就要求現任的妻子照顧好家庭，她當時就答應了。其實，當時她也有自己的工作，她是做保險的，業務能力也很突出。

後來，她發現即使答應了丈夫回歸家庭，可丈夫對她也並不滿意，在日常的生活中還是會產生很多摩擦。看來，丈夫所說的讓她不要工作，待在家裡做全職太太，也不完全是丈夫想要的狀態。後來，她意外接觸了她所鍾愛的一個領域，就決定要做成一項事業。這期間，她已經有六年左右的時間沒有出去工作了。她接觸了這項事業之後，丈夫又再次反抗，對她說：「如果妳還是要妳的事業，我就不回家，或者我們就離婚。」

但是，這一次，她不再屈服了，因為她發現即使放棄自己原有的東西，也達不到丈夫滿意的狀態，平時的吵吵鬧鬧就是事實，這次自己為什麼還要妥協？所以，她就果斷地選擇了離婚。其實，當時她的事業才剛剛起步，幾乎是一無所有。但她的精神狀態要比之前好很多，整個人年輕了五、六歲。因為她找到了自己。如果一個人沒有了自己，別人怎麼可能會愛你呢？

身邊很多很多案例都告訴我們，做自己，才可能有被愛的機會。一旦喪失了自己的話，真的是什麼機會都沒有了。就

算有情緒，我們還是可以去客觀地看待情緒，我們還是可以去選擇怎麼做。就像前面的婚姻故事中的那位女性一樣，在丈夫第一次出軌時，與後面再出軌時，她的處理方式是完全不一樣的，這就是她自己的選擇權。當你擁有了這個選擇權之後，就有可能發生你所希望發生的事情。

心理成長小技巧

用自己的左手代表丈夫，用右手代表自己，然後，在生活中挑戰一些事情，只用右手完成，左手不參與。在這個過程中，注意體會自己內心的感受。

等挑戰成功時，對自己的左手說：「謝謝你，現在，你不再代表我的丈夫，你又是我的左手了。」然後，恢復左手正常做事情的功能。

參考文獻

1. 池麗萍〈中國人婚姻與幸福感的關係：事實描述與理論檢驗〉。
2. 沈靜《論婚姻中女性的依賴與獨立》。
3. 陽鈺《女性主觀幸福感及其影響因素探析》。
4. 黃宇《婚姻家庭法之女性主義分析》。

第二十章
家庭的未來

在前面的章節裡，我們說了很多我們應當具備什麼樣的能力，什麼樣的科學方法，怎樣處理我們在婚姻愛情經營中的危機，怎樣化解那些不利的影響因素，等等。現在，我們將進入一個婚姻愛情關係經營的新階段。從家庭生活的角度來看，人們也是無時無刻在追尋著家庭幸福的來源。而一個家庭的幸福，不僅僅包含著物質財富的滿足、家庭文化的傳承，也包括了個人理想的實現、自我的成長，這些都是人們在家庭中對於未來的展望。

家庭展望的理論 ....

1943 年，美國心理學家亞伯拉罕・馬斯洛在《人類機動理論》（*A Theory of Human Motivation*）論文中提出了他的需求層次理論。馬斯洛理論將人類需求像階梯一樣從低到高按層次分為五種：生理需求、安全需求、愛和歸屬的需求、尊重的需求和自我實現的需求。在自我實現需求之後，還有自我超越需求，大多數人會將自我超越合併至自我實現需求中。

在人們展望家庭未來的過程中，我們發現人們所希望實現的就是人們對於各種需要的滿足的過程。過去，人們求的是溫飽得以解決、安全不受威脅，滿足物質需求和安全需求，讓家族得到繁衍。漸漸地，人們開始追求在婚姻中獲得心理上的幸福和滿足，則更多展現的是自尊需求、愛與歸屬的需求。漸漸地，當人們開始了對於美的探求，開始進行個人精神世界的追尋，則展現的是對於自我實現、自我超越的需求。隨著時代的進步，我們有了更多的可能。我們既可以選擇先滿足低階需求，再逐漸去實現高階需求；也可以選擇在滿足高階需求的過程中，實現從低階到高階的一系列需求的滿足。我們在對家庭的未來進行展望的過程中，就可以清晰地看到我們的需求和態度。

　　家庭的功能主要有八大面向：經濟功能、生育功能、性生活功能、教育功能、撫養與贍養功能、感情交流功能、休息與娛樂功能、心理成長與發展功能。

　　家庭生活離不開一定的物質條件。每個家庭都需要一定的居住空間，需要一定的生活用具和設備等。「柴米油鹽」一樣都不能缺，衣、食、住、行沒有一樣不需要被滿足。「貧賤夫妻百事哀」，就是古人們對於物質需要得不到滿足的深刻描繪。從古至今，人們在談及婚嫁之時，都擺脫不了對於物質方面的要求。物質需求的滿足仍舊是影響人們擇偶的重要因素之一。

因此，在家庭未來的展望中，對於財富的累積，是一項重要的內容。

在婚姻家庭中，兩性關係的品質、親子關係的品質是非常關鍵的部分。生理需求、安全需求、愛和歸屬的需求、尊重的需求、自我實現需求的滿足都會受到兩性關係和親子關係的影響。因此，如何經營好兩性關係和親子關係，要為之進行哪些正向心理優勢的提升，要做出哪些積極行動，要做出哪些自我成長，都是我們在建構家庭未來中必須做的工作。如果連努力都不肯努力，那就不要妄想天上會掉下來一份「幸福」了。美好的婚姻家庭，一定是學習成長、用心經營的結果。

家庭還是每位成員身心成長的地方。即便已經是成年人，也一樣有著成長的需求。除了生理上在不斷地變化，我們的人格也是終身發展的，精神追求也是終身發展的。成長與超越是我們一生的需求。在這個過程中，我們的心理素養、心理能力，也會不斷地變化發展。我們家庭的未來，在很大的程度上，也與家庭成員的心理素養息息相關。

幸福婚姻計畫書

讓我們靜下心來，做一個規劃，規劃一下自己婚姻道路的未來。我想，我們可以寫一份計畫書，名叫《幸福婚姻計畫

書》。如果你沒有結婚，就寫一份《我的愛情計畫書》。在計畫書裡，寫上自己在未來可以提升的地方。

第一部分，建立正向優勢。你覺得在未來，自己有哪些心理素養是需要提升的？這些心理素養提升之後，會對自己的婚姻愛情品質有所促進，讓你對兩性關係更加運籌帷幄，比如尊重、寬容、忍耐、創新、自信、學習力、勇敢等。寫下你需要提升的心理素養，寫下你將如何提升這些心理素養。

第二部分，正向建立行為。寫出你要去做的一些對自己的愛情、婚姻家庭有正向意義的事情，並寫出為什麼要做這幾件事情，以及計劃如何實施。

第三部分，正向自我提升。從自我提升、自我成長的角度，寫出自己能為伴侶和孩子做的一些事情。這些事情，自己做了之後，能夠使伴侶和孩子更快樂，身體更健康，促進家庭中愛的流動，讓感情的甜蜜度提升。請注意，不是去改變家人，而是自己去調整，去行動。

正在閱讀此書的你，也可以開始行動，找來紙和筆，完成自己的計畫書。因為只是知道了道理、方法是沒有用的，只有實際行動才會有所改變，這才是真正的「知」。為什麼有些人總是學了很多，最後生活品質卻沒提升？說了很多道理，對別人講也可以，自己卻不行，原因是什麼？就是因為不是真正的「知」，那是一知半解，那叫假明白、假聰明，我們一定要具體

去做才行。

當我們在訴說過去的不好時，時間就悄悄地過去了。當我們在想著怎樣去改變對方時，時間又過去了。當我們在告訴別人自己現在遇到的困難多麼大、多麼不能解決時，時間又過去了。當我們一直沉浸在不好的回憶中，時間就是這麼溜走的。這對解決問題、改變環境，是沒有多大用處的。改變不好的經歷，需要的是正向的認知與行為。那怎樣才能激發正向的認知呢？我們此時在這裡寫下計畫書，就是激發正向認知的過程，就是堅定自己正向思想與行為的過程。

孟子曾說：「挾泰山以超北海，語人曰：『我不能。』是誠不能也。為長者折枝，語人曰：『我不能。』是不為也，非不能也。」就是說要一個人把泰山夾在手臂下跳過北海，這人告訴別人說：「我做不到。」這是真的做不到。要一個人為老年人折一根樹枝，這人告訴別人說：「我做不到。」這是不願意做，不是做不到。我們在生活中，也會有這樣的情況，面對一些事情我們會找理由說自己做不到。其實所有所謂的大事，尤其是在婚姻家庭中，哪有什麼大事？掃一下地，洗一下碗，都是雞毛蒜皮的事情。幸福的人就是在這些小小的行為上做了一些努力的。如果我們把這些行為理解為婚姻兩性關係中的善意、善行，也是可以的。

婚姻家庭技巧不是教你回家修理你的另一半，不是教你痛

苦的歸因，也不是讓你了解更多的方法與技巧，而是讓你去行動，用自己的正向行為來改善家庭的人際互動，改善家庭的負面文化動力。

◆ 學員分享 1

這個技巧是我專門帶領學員現場參與的。接下來，我們來看一些學員分享的「幸福婚姻計畫書」吧！

董女士：在寫的過程中，應該說是對自我的一種思考吧，因為這裡面的內容包括自我提升，還包括我應該為家庭做的一些事情。女人是家庭領域的指揮官，女人的成長其實會帶動家庭的成長的，女人在這裡是有一份責任的。

對我先生來說，第一方面，我要多跟他談談心，因為我們都是學習理工科的人，從性格和思考方式來說，他也不是太善於溝通的人，但是他用他的行為來表達他的愛。我覺得為了我們的家庭更和諧，兩人更協調，還是有必要和他談談心的。第二方面，他很喜歡健身，我也要多陪陪他，這也是我對自己的一個要求，陪伴他一起健身。這樣相處的過程，其實也是感情昇華的一個過程。第三方面，我要更多地陪伴他一起回老家去看看他的母親，陪伴一下老人家。因為他是長子，他父親過世，現在家裡只有母親。所以，我身為媳婦，在這方面也有義不容辭的責任。我是懂得他這份孝心的，那我也要跟他一起去盡孝。

對我女兒來說，她現在已經 16 歲了，我覺得她成長到這個階段，我要更信任她，相信她能夠管理好自己，能夠做得更好。其次，我還是要繼續陪伴她，愛她，讓她知道媽媽隨時都在她的左右。再次，就是我需要歷練的，我要學會放開她。因為孩子長大了，其實有時候不是孩子離不開家，而是父母離不開孩子。這在某種程度上，會束縛孩子未來的發展空間，我希望我的女兒能夠有更廣闊的空間。

◆ 學員分享 2

王女士：我覺得在寫這個計畫的過程中，我體會到的更多的是自我反省。我和婆婆的相處還可以更好一些，我對我家先生的愛的能力還不太夠，我對小孩的陪伴也不夠，這是我主要的反省內容。我寫了幾件事情的計畫，準備回去做。

首先是我要為家庭做的事情。我想對我的婆婆多一些主動的關心，因為我很少主動關心她。我結婚 16 年，沒有回去看過她多少次，因為我心裡一直都對她有抱怨。我結婚她也沒管過我。她家裡還有一個小兒子，我就一直覺得她偏袒她的小兒子，真實狀況也是她把多年的積蓄和家裡的一些東西都給了小兒子。大兒子結婚以後，他們基本上沒有管過。我跟先生兩個人在外面闖蕩很不容易。走到今天，我回想以前的種種，發現我對婆婆的抱怨有點過分了，我想要對婆婆進行一些彌補。以

後要主動地打電話給婆婆，問她需要什麼，可以給她買什麼，主動地去關心她。對婆婆好了，先生肯定也會認可，夫妻關係也一定會得到改善。不是說現在夫妻關係有什麼不好，而是要讓夫妻關係更好。如果沒有學心理學，可能這件事情一直都會壓在心裡，不跟別人說，因為我以前應該也是一個比較自私的小女孩，就只知道抱怨，只知道向婆婆索取一些東西。但是，今天走到這裡，我確實是成長了。

對於先生，結婚 16 年，我一直都是小女孩的角色。我先生是一位大學老師，他是一個非常善良的人，我覺得這輩子嫁給他是非常幸福的事情。我從小就沒有得到太多的父愛和母愛，我先生了解我需要什麼，他很包容我，正是因為先生對我這麼好，我就像我的朋友說的是一個被寵壞的女人，包括我的一些行為。比如我從不排斥別的男人對我的關心，他們送我東西，我也都接受。現在想來，也是有點愧疚的，我覺得對不起先生，沒有考慮他的感受。到今天為止，我不能說我的心已經完全回歸在我的伴侶身上，或者我可以結束外面的一些事情，但是我想我可以為我的先生做得更好一點。

對於孩子，我希望給他更多的陪伴。現在孩子的教育也好，成長也好，都是我的伴侶在管。我伴侶非常包容我，我做什麼他都支持我。他知道我不會太壞，因為他相信我骨子裡面還是善良的。太激動了，謝謝大家。

◆ 學員分享 3

李女士：剛才寫了這個婚姻報告，透過寫的過程，更加澄清了一些問題，我知道自己下一步應該怎麼去做了。我一直認為自己的婚姻很好，也很幸福，現在我才發現孩子為我們敲了警鐘，讓我看到了問題。因為我先生一直很包容，才沒有使我們的問題暴露出來。現在，我覺得我真的是要反思一下了。

我想，今後要提升一下自己的心理素養。因為我自卑，沒有價值感，導致了我在家中有很強的控制慾，我控制孩子，控制先生，要他們一切都按我的安排來。

我總以為自己的教育理念（尊重孩子，鼓勵孩子）是對的，先生稍微對孩子有一點的不滿或者是訓斥，我就制止，這對先生其實是不公平的，因為剝奪了他身為一個父親的權利。我同事跟我說，你先生跟別人說話的時候，總要看著妳的眼睛。後來，我也發現了。我覺得我給予他的愛太少。我需要改善的，就是陪他一起和他媽媽聊聊天，因為我跟他媽媽說話，即使誰也聽不懂誰說話，先生在旁邊聽著可開心了。還有，我要經常幫他燙燙衣服，因為每次我燙的衣服他都捨不得穿。

對於孩子，我總是抱怨他不跟我說心裡話。其實孩子很敏感，他跟我說的話都不涉及他的心裡話，因為我一張嘴就帶著目的。我想，下一步，真的是要敞開心扉，不要帶著控制慾去跟孩子聊天，這樣我們的關係肯定會有所改善。

現在，我就想著回去要去實踐，要去行動，為了這個家，為了他們兩個，我要好好地學習。

感謝遇到的人

人的心靈就是這樣變化的，就是在這樣慢慢的變化中，我們成為過去想都不敢想的那樣一個更好的自己。這不是自欺欺人，這也不是阿Q，我也不願把這歸為正向心理學的力量，這本就是我們人性中的善良之光。

在我看來，婚姻實現著我們的社會功能與心理功能，實現著我們身為一個完整的人的發展。愛情，讓我們在與另一個更像自己的人的互動中，成為更好的自己。所以，我們真的要充滿感激。我們在人海中能夠牽手在一起，那真是不容易，遇到的每一個伴侶，每一個戀人，每一個重要的他人，都在幫助我們成為更好的自己。他之所以吸引你，就是因為他身上有你不完整的那部分；你討厭他哪個部分，恰好就是你自己還沒超越的部分。

在每一段人生時光中，你所遇到的愛戀之人，都可以幫助你成為更好的自己。所以，我們說，藉助愛情去成為更好的自己吧，我們應該心存感激，感激遇到的一個個讓我們心動的、對我們好的人，感激我們在與愛戀之人互動中的這一段關係。

電子書購買

爽讀 APP

國家圖書館出版品預行編目資料

完美伴侶學，掌握愛與被愛的藝術：戀愛 × 結婚 × 離婚 × 再婚，由激情至承諾，從衝突到共存，提升愛與被愛的能力 / 韋志中，薄豔豔著 . -- 第一版 . -- 臺北市：崧燁文化事業有限公司 , 2024.07
面； 公分
POD 版
ISBN 978-626-394-461-9(平裝)
1.CST: 婚姻 2.CST: 夫妻 3.CST: 兩性關係
544.3　　113008652

完美伴侶學，掌握愛與被愛的藝術：戀愛 × 結婚 × 離婚 × 再婚，由激情至承諾，從衝突到共存，提升愛與被愛的能力

臉書

作　　　者：韋志中，薄豔豔
責 任 編 輯：高惠娟
發 行 人：黃振庭
出 版 者：崧燁文化事業有限公司
發 行 者：崧燁文化事業有限公司
E - m a i l：sonbookservice@gmail.com
粉 絲 頁：https://www.facebook.com/sonbookss/
網　　　址：https://sonbook.net/
地　　　址：台北市中正區重慶南路一段 61 號 8 樓
8F., No.61, Sec. 1, Chongqing S. Rd., Zhongzheng Dist., Taipei City 100, Taiwan
電　　　話：(02) 2370-3310　　　傳　　真：(02) 2388-1990
印　　　刷：京峯數位服務有限公司
律 師 顧 問：廣華律師事務所 張珮琦律師

定　　　價：375 元
發 行 日 期：2024 年 07 月第一版
◎本書以 POD 印製